Der leere Himmel – Krise ohne Glauben

Etwas voreilig könnte man zur Auffassung neigen, dass es in der Krisenbewältigung religiöser und nichtreligiöser Menschen große Unterschiede gibt. Sieht man jedoch genauer hin, so geht es eigentlich immer um dasselbe: Im Mittelpunkt stehen dabei Loslassen von Altem, Hinwendung zum Spirituellen, denn es geht um die Wiederherstellung des Gleichgewichts von Körper, Geist und Seele, wenn diese ihre Balance verloren haben. An den Praktiken des »Voodoo Hoodoo« wird exemplarisch deutlich, wie sich grundlegende psychologische Einsichten und Strategien in ein jeweils eigenes Gewand kleiden (Artikel Lussi). Gleichwohl scheinen diese Kleider, in die man sich gewandet, den Betroffenen sehr wichtig zu sein. Wie wäre es sonst zu verstehen, wenn neben der traditionellen christlichen Militärseelsorge »im Juni 2021 der erste Militärrabbiner sein Amt angetreten hat und inzwischen auch über muslimische Militärgeistliche diskutiert wird« (Artikel Fincke). Die Forderung nach einer säkularen Militärseelsorge wird nicht lange auf sich warten lassen. Was also unterscheidet religiöse und säkulare Krisenbewältigung? Man kann nur hoffen, dass Geistliche in ihrer Trauerrede dieselben Grundsätze beherzigen, die von einer weltlichen Ansprache zu erwarten sind (Artikel Hofmann); dann darf zusätzlich das religiöse Gewand getrost angelegt werden.

Doch an die Stelle der Annahme, bei einer zunehmend säkularen Gesellschaft würden religiöse, konfessionelle oder weltanschauliche Gewänder in den Hintergrund treten, sind wachsende Abgrenzungsbestrebungen zu beobachten. Die letzten Jahrzehnte lehren uns, dass Muslim:innen, Buddhist:innen, Hindus und selbst Atheist:innen eigene Bestattungsplätze wünschen. Kommunale oder kirchliche Angebote im Hospizwesen und der palliativen Versorgung werden nun durch bewusst säkulare ergänzt (Artikel Schröther). Was aber machen die anders? Gibt es Spezifika einer säkularen Seelsorge, wenn Atheist:innen die Existenz einer Seele ablehnen? (Artikel Apfalter/Bösch-Weiss/Ebner und Kyriacou) oder ist vielleicht das religiöse Monopol auf eine Seele anmaßend? Nicht weniger anmaßend ist es schließlich, allein die Areligiösen vor einem leeren Himmel zu sehen. »Bin gleich wieder da« ist auf einem Bild von Jörg Frank zu lesen und mag daran erinnern, dass auch gläubige Menschen mitunter vor einem leeren Himmel stehen wie der Beter von Psalm 22: »Mein Gott, warum hast du mich verlassen?« Die Bewältigung schwerer Krisen bleibt so oder so eine Herausforderung, die in der irdischen Welt bewältigt werden will.

Immerhin wird deutlich, dass es gar nicht so einfach ist, die Unterschiede zwischen religiöser und säkularer Seelsorge herauszuschälen, abzulesen daran, dass erstens die Beiträge in diesem Heft im Durchschnitt länger ausgefallen sind, als es die Lesenden von Leidfaden gewohnt sind, dass zweitens oft der Begriff »Spiritualität« strapaziert wird, von der schon im Leidfaden-Heft 1/2016 gehandelt wurde, und drittens die Abgrenzung durch Wortschöpfungen wie existenzielle Seelsorge (Artikel Reicherts/Schmidt) oder Wohlsorge (Artikel Kyriacou) versucht wird. Und schließlich gibt es das Votum, die Anschauungen der Atheist:innen nicht auf das Vernünftige, Beweisbare und Rationale zu reduzieren, sondern ihnen auch ein Quäntchen Irrationalität zuzugestehen (Artikel Melching).

Reiner Sörries   Heiner Melching

D1731117

9 Wilfried Apfalter, Nikolaus Bösch-Weiss und
Wolfgang Ebner | Atheistische Seelsorge

36 Kurt Lussi | Krisenbewältigung mit
Spirits im Louisiana Voodoo Hoodoo

Inhalt

68 Jane Redlin | Die säkulare Bestattung:
Einige Überlegungen

Kein Gott – kein Trost?

Krisenbewältigung konfessionsloser Menschen

Andreas Fincke

Seit Anfang der 1990er Jahre hat sich die religiöse Lage in Deutschland grundlegend verändert. Zu den auffälligsten Faktoren gehört der enorme Mitglieder- beziehungsweise Bindungsverlust der großen Kirchen. Waren 1990 noch mehr als 72 Prozent der deutschen Bevölkerung Mitglied in einer der großen Kirchen, ist die Zahl im Frühjahr 2022 erstmals unter 50 Prozent gefallen. Allein 2019 verloren die beiden großen Kirchen zusammen etwa 540.000 Mitglieder durch Austritte.

Hinzu kommt der indirekte Mitgliederrückgang durch den demografischen Faktor.

Schwer erfassbare Zahlen zu Religionszugehörigkeiten

Heute ist in Deutschland etwa jeder dritte Bundesbürger konfessionslos – laut dem religionskritischen, aber gut informierten Portal »fowid« liegt die Quote bundesweit sogar bei 41 Prozent.[1]

utopiq23 / photocase.de

Leidfaden, Heft 2 / 2023, S. 4–8, ISSN 2192-1202, © 2023 Vandenhoeck & Ruprecht

Diese Abwesenheit einer jeglichen Kirchen- oder Religionsmitgliedschaft wird zumeist als Konfessionslosigkeit bezeichnet. Dieser Begriff ist jedoch unscharf und erklärungsbedürftig. So ist es zwar zutreffend, dass diese Menschen sich keiner Kirche oder Religion verbunden fühlen und daher in keiner Religionsgemeinschaft Mitglied sind, jedoch gibt es durchaus religiöse Menschen außerhalb von organisierten Religionsgemeinschaften. Konfessionslosigkeit ist also nicht identisch mit Religionslosigkeit. Zudem werden beispielsweise auch die bei uns lebenden Muslim*innen (bis zu 5 Millionen), aber auch die Mitglieder zahlreicher Freikirchen, christlicher Sondergemeinschaften, die Angehörigen anderer Weltreligionen und weiterer Denominationen in formaler Hinsicht als konfessionslos bezeichnet. Das erschwert eine exakte Erhebung des Phänomens und erklärt, warum die Angaben in der Literatur stark schwanken.

Ohnehin ist mit den zitierten Zahlen nur die formale Konfessionslosigkeit erfasst. Für eine genauere und an dieser Stelle nicht zu leistende Betrachtung wäre hingegen noch zu differenzieren zwischen jenen, die gemessen an ihren Glaubensvorstellungen religions- beziehungsweise konfessionslos sind, aber formal einer Kirche angehören, und den (wenigen) religiösen Konfessionslosen. Es gibt, zumal im Randbereich der Volkskirchen, enorme Grauzonen.

Wie auch immer: Die diffuse Gruppe der Konfessionslosen bildet in Deutschland zweifellos das größte Drittel. Gelegentlich wird polemisiert, die Konfessionslosigkeit sei darüber hinaus die am schnellsten wachsende weltanschauliche Orientierung in Deutschland. Diese Feststellung trifft jedoch nur zu, wenn man der Konfessionslosigkeit eine eigene weltanschauliche Qualität zubilligt – doch das ist nicht überzeugend. Denn die Konfessionslosigkeit zeichnet sich in erster Linie dadurch aus, dass etwas *nicht* besteht – nämlich eine Kirchen- beziehungsweise Religionszugehörigkeit. Es ist schwierig, darüber hinaus positive Aussagen zu treffen. Im Grunde gibt es »die« Konfessionslosen nicht; sie sind keine homogene Gruppe – allenfalls eine Abgrenzungsgemeinschaft.

Konfessionsfrei statt konfessionslos

In kirchenkritischen Kreisen spricht man zudem nicht gern von »konfessionslos«, sondern bevorzugt »konfessionsfrei«. Denn »das Adjektiv ›konfessionslos‹ und seine Subjektivierung zur Gruppenbezeichnung ›Konfessionslose‹ transportieren die Konnotation, dass jemandem etwas wesentlich fehlt. Sie können einmal andere Begriffskonstruktionen mit ›-los‹ bilden: bewusstlos, verantwortungslos, traditionslos. Man sieht an diesen Beispielen die negative Wertung, die Begriffe mit ›-los‹ mit sich tragen. Den ›Konfessionslosen‹ scheint daher etwas Wichtiges zu fehlen, nämlich eine Konfession. Aber jemand, der keine Konfession hat, ist kein mangelhafter Mensch. Das Wort ›konfessionsfrei‹ enthält dagegen keine negative Bedeutung. Es sagt einfach, dass man keine Konfession hat und ist daher neutraler« (Heinrichs 2017, S. 249).

Vollends kompliziert wird die Suche nach einem angemessenen Begriff, wenn man fragt, ob nicht einige der engagierten Konfessionslosen eben doch einem Bekenntnis und damit einer Konfession anhängen: Indem sich Menschen zum Beispiel zum (weltlichen) Humanismus bekennen, sind sie nicht frei aller Konfession – sie stehen vielmehr einer humanistischen Konfession nahe. (»Humanistisch« ist hier im Sinne von religions- und kirchenfern gemeint, nicht im Sinne klassischer Bildung.) Schließlich hat auch der organisierte Humanismus seine »Glaubenssätze«. Die Formel von einer »dritten ›Konfession‹« hatte der katholische Theologe Eberhard Tiefensee im Jahre 2000 erstmals benutzt (Tiefensee 2000, S. 32). Er wollte damals dem Volksatheismus jedoch nicht die Qualität einer Konfession zusprechen, sondern eine soziologische Beschreibung vornehmen: Ebenso wie es einen Volkskatholizismus gibt, also ein Milieu, das fraglos gewisse

Traditionen übernimmt, so hat der Volksatheismus seine eigenen Traditionen und seine eigene Feierkultur.

Die hohe Konfessionslosigkeit wirft die Frage auf, wie kirchen- beziehungsweise religionsferne Menschen mit den Krisen und Katastrophen des Lebens umgehen. Traditionell war und ist es Aufgabe der Kirchen, hier Trost und Orientierung zu geben und den Betroffenen in schwierigen Lagen in der Seelsorge zur Verfügung zu stehen. Welcher Trost lässt sich jedoch in einer gottlosen Wirklichkeit finden? Wie geht man in einem humanistischen Hospiz mit dem Wunsch Sterbender um, am Lebensende beten zu wollen? Was ist weltliche Seelsorge?

Die Konfessionslosen bilden keine homogene Gruppe

Auf der Suche nach einer Antwort stehen wir vor dem bereits benannten Problem, dass die Konfessionslosen keine homogene Gruppe bilden. Insofern sind pauschale Antworten nicht möglich. Es gibt jedoch in Deutschland einige Organisationen, die sich zunehmend als Anwalt und Fürsprecher der Konfessionslosen aufstellen. Sie tun dies, weil sie hier eine Chance sehen, die eigene Relevanz zu erhöhen. Denn natürlich wäre es attraktiv, wenn ein »Präsident der Konfessionslosen« im Namen von 33 Millionen Mitgliedern sprechen könnte. Zwar sind diese Organisationen von solchen Mitgliederzahlen meilenweit entfernt, ihre Aufbauarbeit verdient aber dennoch Beachtung.

Bei uns ist der Humanistische Verband Deutschlands (HVD) jene Organisation, die sich am profiliertesten mit den Fragen einer gelingenden Sozialarbeit in einem konfessionslosen Kontext einsetzt. Hervorgegangen ist der HVD Anfang der 1990er Jahre aus verschiedenen freidenkerischen und atheistischen Organisationen. Einen gewissen freidenkerisch-atheistischen Impuls merkt man zwar manchen Landesverbänden bis heute an, aber letztlich hat sich das Thema für den Verband erledigt. Denn mit Kirchenkritik kann man kaum noch jemanden

begeistern und einige von den Kirchen selbst hervorgerufene Skandale wie etwa die Missbrauchsproblematik schaden den Kirchen viel mehr, als alle atheistische Religionskritik das je könnte. Da zudem der HVD in den letzten Jahren zahlreiche Kindertagesstätten, Beratungsstellen, Hospize und anderes mehr in Trägerschaft übernommen hat, stellt sich für den HVD die Frage nach einer humanistischen Sozialarbeit (»humanistisch« auch hier im Sinne von religions- und kirchenfern, nicht im Sinne klassischer Bildung) völlig neu.

Das wird zum Beispiel an der Diskussion um den Begriff »Seelsorge« deutlich. Seit einiger Zeit wird dieses Wort in der Beratungsarbeit und Publizistik des HVD verwendet. Intern ist das umstritten. So wird empfohlen, anstatt von »Seelsorge«, die eine (wie auch immer gedachte) Seele voraussetzt, besser von »Lebenshilfe« zu reden, da dieser Begriff dem Menschen- und Weltverständnis des HVD näher steht. Jedoch ist »Lebenshilfe« im deutschen Sprachraum durch die Begleitung von Menschen mit einem Handicap belegt. Man spricht daher lieber von »humanistischer Lebenshilfe«. In dem Grundlagenwerk »Humanismus: Grundbegriffe« schreibt Ralf Schöppner (2016, S. 374), Direktor der Humanistischen Akademien, über den Begriff »Seelsorge«: »Humanistische Seelsorge hätte ihren Schwerpunkt in existenziellen Sinnfragen und ethischen Orientierungen, jenseits von religiösen Gewissheiten, kirchlichen Lehren oder anderen weltanschaulichen Oktroi. Mit einer Haltung zugewandter Offenheit und Melancholie, die Lebensfreude, Humor und existenzielle Ernsthaftigkeit ausbalanciert, zielte sie auf eine Stärkung des persönlichen Erlebens von Sinn. Mitunter gehörte dazu auch das Aushalten von Situationen, in denen Trost und Sinn fern sind.«

Das Grundproblem einer säkularen Seelsorge

Der letzte Satz beschreibt das Grundproblem einer säkularen Seelsorge: Wie kann man Trost finden, wenn es über die eigene Existenz hinaus keinen Sinn gibt? Eine interessante Antwort gibt Martin Bühner (2021, S. 9) in der Zeitschrift »humanistisch! Das Magazin«. Er erläutert, dass humanistische Seelsorge keine fertigen Antworten kennt und daher mit dem Betroffenen gemeinsam nach Lösungen sucht. Weiter heißt es: »Hier liegt ein fundamentaler Unterschied zur religiösen Seelsorge: Es gibt keine heiligen Bücher, keine Autoritäten mit allgemein gültigen oder interpretierbaren Lehren, auf die sich Humanist*innen stützen können.« Zwar sind Zweifel angebracht, ob man die kirchlich verantwortete Seelsorge wirklich auf die Bibel reduzieren kann, aber die Intention der Aussage ist verständlich.

Folgerichtig hat der HVD im Juni 2021 die Gründung eines Fachausschusses »Humanistische Seelsorge und Lebensberatung« bekannt gegeben. Programmatisch heißt es: »Es braucht ein professionelles Angebot zur Unterstützung der ethischen und weltanschaulichen Orientierung für Menschen in Lebenskrisen und darüber hinaus auch in alltäglicheren Situationen – bei der Gestaltung von Lebenskunst, Lebenssinn und Identität in verschiedenen Lebensabschnitten. Dieses Angebot muss weltanschaulich auf der Basis des Humanismus und darüber hinaus auf Basis der Erfahrung eines geteilten Menschseins Menschen begleitend zur Seite stehen«.[2]

Humanistische Militärseelsorge

Von großer Relevanz ist die Frage nach einer humanistischen Beratung als Ergänzung zu den kirchlichen Militärpfarrern in der Bundeswehr. Die Problematik liegt auf der Hand: Von den rund 180.000 Soldatinnen und Soldaten dürfte etwa die Hälfte konfessionslos sein. Dazu erklär-

2021 hat der erste Militärrabbiner sein Amt angetreten und inzwischen wird auch über muslimische Militärgeistliche diskutiert. Der Humanistische Verband Deutschland verweist darauf, dass die Zahl konfessionsfreier Soldat*innen wesentlich höher ist als die jüdischer oder muslimischer.

David-W- / photocase.de

te Michael Bauer, Vorstand der Humanistischen Vereinigung, in einem Interview im Deutschlandfunk: »Eine nicht-religiöse Ethik und Weltsicht oder der Humanismus als Lebenseinstellung ist bislang überhaupt nicht repräsentiert. (…) Religiöse Seelsorger*innen können die Anliegen dieser großen Gruppe an Menschen nicht einfach mit übernehmen, denn eine humanistische Weltanschauung ist – wie die religiösen auch – jeweils eine höchst spezifische. Bei der geht es um zutiefst persönliche Fragen der eigenen Identität, um Sinnfragen oder gar Sinnkrisen. Und diese können nur mit einem Menschen diskutiert werden, der auf einer ähnlichen Wellenlänge funkt, einer authentischen Person, die so ähnlich tickt wie der oder die Hilfesuchende selbst und der sie oder er vertrauen kann« (zitiert nach Bühner 2021, S. 7).

In anderen Armeen der NATO wie beispielsweise in Holland und Belgien ist humanistische Beratung fest verankert. In Deutschland hat der HVD auch dadurch Rückenwind bekommen, dass im Juni 2021 der erste Militärrabbiner sein Amt angetreten hat und inzwischen auch über muslimische Militärgeistliche diskutiert wird. Der HVD verweist darauf, dass die Zahl konfessionsfreier Soldat*innen wesentlich höher ist als die jüdischer oder muslimischer.

Bei all diesen Bemühungen des HVD um Seelsorge beziehungsweise Beratung in einem konfessionslosen Umfeld stellt sich schon bald die Frage nach einer Vertiefung der theoretischen Grundlagen von Seelsorge in diesem Kontext und der Qualifizierung der Mitarbeiter*innen. Dafür braucht es vermehrt eigene Ausbildungseinrichtungen. Derzeit bemüht sich der HVD in Berlin um die Gründung der ersten Humanistischen Hochschule in Deutschland. Hier könnten die (humanistischen) Seelsorger*innen beziehungsweise Berater*innen ausgebildet werden. Geplant sind zwei weiterbildende Masterstudiengänge für Lebenskunde-Lehrkräfte und angewandte Ethik sowie ein Bachelor in Sozialer Arbeit, Schwerpunkt »Spiritual Care«.

Zweifellos sind die theoretischen Grundlagen einer wie auch immer gedachten »weltlichen Seelsorge« noch ausbaufähig. Viele Repräsentant*innen der genannten Verbände werden das kaum leugnen. Jedoch nutzen sie dieses Defizit als Argument für die Notwendigkeit zum Beispiel neuer humanistischer Ausbildungsinstitute. In Anbetracht zahlreicher kirchlicher Hochschulen und theologischer Fakultäten, so argumentieren sie, wäre das ein Gebot der Gleichbehandlung von Religion und Weltanschauung nach Artikel 4 Grundgesetz. Doch damit stellt sich erneut die eingangs erwähnte Frage: Wer repräsentiert die Konfessionslosen und wie können sich Konfessionslose vor der Vereinnahmung durch Konfessionslosenverbände schützen?

Pfarrer Dr. **Andreas Fincke**, Studium der Evangelischen Theologie, Promotion im Fach Ökumenik und allgemeine Religionsgeschichte. Er ist Hochschulpfarrer und Leiter der Evangelischen Erwachsenenbildung in Erfurt. Zahlreiche Veröffentlichungen zu Religions- und Weltanschauungsfragen, zu Zeitgeistthemen und zu Atheismus bzw. Konfessionslosigkeit.

Kontakt: a.fincke@eebt.de

Literatur

Bühner, M. (2021). Humanistische Seelsorge. Was sie ist und wofür man sie braucht. In: humanistisch! Das Magazin, Oktober, 2021, 9.

Heinrichs, T. (2017). Diskriminierungsrisiko Weltanschauung. Interviews. In: Heinrichs, T., Religion und Weltanschauung im Recht. Problemfälle am Ende der Kirchendominanz (S. 247–260). Aschaffenburg.

Schöppner, R. (2016). Artikel »Seelsorge«. In: Cancik, H.; Groschopp, H.; Wolf, F. O. (Hrsg.): Humanismus: Grundbegriffe. Berlin/Boston.

Tiefensee, E. (2000). »Religiös unmusikalisch?« Ostdeutsche Mentalität zwischen Agnostizismus und flottierender Religiosität. In: Wanke, J. (Hrsg.): Wiedervereinigte Seelsorge. Die Herausforderung der katholischen Kirche in Deutschland (S. 24–53). Leipzig.

Anmerkungen

1 https://fowid.de/meldung/religionszugehoerigkeiten-2020 (Abruf: 24.5.2022).
2 https://hpd.de/artikel/hvd-gruendet-fachausschuss-humanistische-seelsorge-19387 (Abruf: 24.5.2022).

Atheistische Seelsorge

Wilfried Apfalter, Nikolaus Bösch-Weiss und Wolfgang Ebner

Was kann Seelsorge sein?

Eine grundlegende Gemeinsamkeit aller Atheist:innen besteht darin, dass sie nicht an einen Gott beziehungsweise Göttinnen und Götter glauben (das altgriechische Adjektiv *átheos* bedeutet in etwa so viel wie »gottlos, ohne Gott«, siehe zum Beispiel Apfalter 2019, S. 34). Seelsorge wiederum (altgriechisch zum Beispiel *epiméleia tes psychés,* »Sorge/Sichkümmern um die Seele«) setzt weder eine unsterbliche Seele noch ein(en) Glauben an eine unsterbliche Seele voraus. Das tun ja auch Psychologie, Psychiatrie und Psychotherapie nicht. Insofern muss es nicht verwundern, dass wir Seelsorge auch ohne Gott denken können.

Eine Frage, die häufig gestellt wird, wenn wir von Seelsorge sprechen, ist diese: »Wenn ihr Seelsorge ohne Gott machen wollt: warum nicht einfach Psychotherapie?« Die Gegenfrage könnte lauten: »Warum nur Psychotherapie?« Wir wollen damit den Wert von Psychotherapie nicht in Frage stellen. Aber sie ist doch ein eher spezielles Setting, das viele Menschen erst in Anspruch nehmen, wenn der Leidensdruck bereits groß ist. Außerdem ist Psychotherapie (in Österreich) häufig teuer und für viele allein deswegen schwer zugänglich. Und es gibt Fragen, die in einer Psychotherapie schon allein aus berufsethischen Gründen eher keinen Platz haben, und solche, wo sie schlicht nicht das gelindeste Mittel ist. Das alles bedeutet: Neben Psychotherapie bleibt recht viel Platz für Seelsorge, die nicht Psychotherapie ist.

Aus unserer atheistischen Perspektive sollte auch eine Seelsorge, die nicht an einen Gott oder eine unsterbliche Seele inklusive Folgen in einem Jenseits glaubt, Räume bieten können, in denen man sich aus dem Alltag zurückziehen kann, um sein eigenes und auch anderes Leben zu reflektieren und möglicherweise mit anderen darüber zu sprechen.

Mit Seele meinen wir hier etwas, das sehr vieles umfasst – vom Erleben von Gefühlen, Emotionen und so weiter über unser Ich als narratives Gravitationszentrum der Geschichten, die wir uns selbst und anderen über uns erzählen, bis hin zu all den mentalen Bereichen unserer Einschätzungen, Überzeugungen und Werthaltungen, Erwartungen, Wünsche –, also in weiterem Sinne unsere eigenen Positionierungen und Verortungen in Raum und Zeit, in Beziehungen zu Anderen und Anderem und vieles mehr. Die Seele ist so gesehen auch der Sitz der Erzählungen, der Überzeugungen und Glaubenssätze, die jeder Mensch über sich selbst und über die Welt, in der er lebt, unterhält. Seelsorge bedeutet dann auch, ein Arbeiten an und mit diesen Erzählungen und so weiter zu unterstützen. Also Sichtweisen und Argumente anzubieten, die dabei helfen, die eigene und die gemeinsame Aufmerksamkeit auf solche Fragen zu richten.

Als Atheistische Religionsgesellschaft in Österreich (ARG) verorten wir uns Menschen als evolutionär entstandene und stark kulturell mitgeprägte Lebewesen, die auf vielfache Weise mit einer ebenso gestalteten Welt verbunden und ebenso in diese Welt, die weit über uns hinausgeht, eingebunden sind. Dabei blenden wir auch den Tod nicht aus.

Gute Seelsorge ist eine Art von verantwortungsbewusst praktizierter, wirksam unterstützender Wegbegleitung. So gesehen verschwindet jeder scheinbare Widerspruch zwischen Atheismus und Seelsorge.

Leidfaden, Heft 2 / 2023, S. 9–13, ISSN 2192-1202, © 2023 Vandenhoeck & Ruprecht

Atheismus und Religion

Unserer Einschätzung nach ist Religion ein kultureller Raum, in dem existenzielle Fragen gestellt und Antwortversuche erarbeitet werden können; ebenso eine lebenspraktische Verbindung zwischen uns Menschen und unserem Dasein im Großen. Als ARG wollen wir unsere eigenen Antworten ohne Bezugnahme auf »Gott« finden. Ausgehend von diesen Fragen, die wir religiös aufarbeiten, entwickeln wir uns und unsere Praxis gemeinsam weiter. Die ARG will hier als Religionsgesellschaft einen religionsgesellschaftlichen Rahmen entwerfen, um etwa gemeinsam zu lernen und zu forschen, welche Erzählungen (Narrative) für uns und andere hilfreich sind und die Lebenszufriedenheit erhöhen können, zum Beispiel in Form von Ritualen und Feiern.

Eine andere oft gestellte Frage wollen wir ebenfalls kurz ansprechen: »Ist Atheismus (denn) eine Religion?« Dazu gibt es zwei verbreitete Ansätze: »Ja – denn die Aussage, dass es keinen Gott gibt, ist auch eine Glaubensaussage« und »Nein – denn Atheisten glauben nicht an Gott und das Jenseits, dementsprechend verleugnen sie die Grundlagen der Religion«. Wir vertreten hier eine andere Position: Atheismus selbst ist keine Religion. Dennoch ist atheistische Religion möglich. Wir vertreten diese Position deshalb, weil wir Religion nicht vom Glauben an einen oder mehrere Götter abhängig machen, sondern von der Bearbeitung des Verhältnisses zwischen uns und unserer Einbettung in das, was uns übersteigt (»transzendiert«). Es mag Theist:innen und Atheist:innen geben, die eine Antwort auf die Frage nach Gott haben, aber sich nicht um die großen Fragen des Daseins kümmern. Diese Menschen würden wir als eher nicht sehr religiös bezeichnen. Und es mag Theist:innen und Atheist:innen geben, die sich mit der Frage befassen und ihr Handeln danach ausrichten, wie ihre eigene Existenz im Weltgefüge zu verorten ist. Diese Menschen würden wir viel eher als religiös bezeichnen.

Natürlich gibt es auch für eine atheistische Seelsorge die große Herausforderung eines möglichst »guten« Umgangs mit unserer Sterblichkeit, einschließlich Unterstützung beim Gestalten eines Begräbnisses beziehungsweise einer Verabschiedungs- oder Trauerfeier. Die Religionslehre der ARG bezieht sich auch auf den Tod. In ihrem Absatz 9 heißt es:[1] »Wir betrachten den Tod als das unumkehrbare Ende unseres Daseins als aktive, wahrnehmende und empfindende Wesen. Daher sehen wir das Totsein als einen Zustand, in dem kein Leid empfunden wird.« Diesem Teil der Lehre lässt sich unter anderem eine ernstgemeinte Einladung entnehmen, keine Angst vor einem Jenseits nach dem Tod zu haben. Denn das, was nach unserem Tod ist, kann uns dann ja – aus der Perspektive der ARG – kein Leid mehr zufügen. Wenn die Vorstellung unseres eigenen Nicht-Seins Leid bereitet, dann vielleicht als schmerzvolle gedankliche Vergegenwärtigung nicht ergriffener Chancen und als aktuelle Reue, etwas getan oder unterlassen zu haben, das sich dann leider nicht mehr korrigieren lässt; dann erleiden wir das alles aber nicht nach unserem Tod, sondern jetzt, während wir leben. Nach unserem Tod können wir nichts mehr erleben und nichts mehr aktiv beeinflussen. Nach unserem Tod ist das Leben für uns endgültig und unumkehrbar zu Ende. Das ist das besonders Schreckliche am Tod: seine Unumkehrbarkeit und damit Endgültigkeit, wenn er einmal wirklich eingetreten ist. Auch wenn wir nicht an unser Weiterleben nach unserem Tod glauben, kann das, was wir über den Tod denken, unsere Lebensführung beeinflussen. Die Frage etwa, wie man sich an mich erinnern wird, kann wichtig sein. Sie kann mich dazu bewegen, bestimmte Dinge zu tun oder zu lassen. Gute Seelsorge erinnert uns auch daran, wie wir anspruchsvollerweise sein könnten.

Seelsorge als Arbeiten an einem realistischen und gleichzeitig hilfreichen Blick auf die Welt und auf uns selbst in ihr – wer ein umfassendes Wissen über die Welt hat, der fühlt sich vielleicht etwas weniger ausgeliefert und etwas mehr

Alexej Jawlensky, Variation: der Weg. Mutter aller Variationen, 1914 / akg-images

Gute Seelsorge ist eine Art von verantwortungsbewusst praktizierter, wirksam unterstützender Wegbegleitung. So gesehen verschwindet jeder scheinbare Widerspruch zwischen Atheismus und Seelsorge.

Seelsorge als Arbeiten an einem realistischen und gleichzeitig hilfreichen Blick auf die Welt und auf uns selbst in ihr – wer ein umfassendes Wissen über die Welt hat, der fühlt sich vielleicht etwas weniger ausgeliefert und etwas mehr als ein aktiver Teil von ihr.

als ein aktiver Teil von ihr. Wer gelernt hat, den Tod nicht völlig auszublenden, den überkommt die Trauer eventuell nicht so unvorbereitet. Einer guten Seelsorge kann es gelingen, hilfreiche Erzählungen und Impulse in den Alltag sehr vieler Menschen einzubringen.

Eine Herausforderung: Stärkung von Ambiguitätstoleranz

Die Welt ist voller Wunder und voller Schrecklichkeiten. Beides. Und mitunter bietet ein Teil dieser Welt beides gleichzeitig. Auch die Stärkung einer Ambiguitätstoleranz erscheint uns daher erstrebenswert. Eine gute Seelsorge ist dementsprechend tatsächlich sehr herausfordernd. Natürlich auch für die ARG. Gleichzeitig ist das aber eine große Chance, über uns hinauszuwachsen.

Ebenso betrachten wir es als Herausforderung, »bessere« Perspektiven zu vermitteln, beim Glücklichwerden zu unterstützen, gute Impulse für die Gesellschaft insgesamt zu entwickeln. Und

das eben aus konkreten atheistischen Erfahrungen beziehungsweise Erfahrungen von Atheist:innen heraus – den Erfahrungen einer Minderheit. Eine weitblickende atheistische Seelsorge kann uns allen konstruktive, gute Impulse geben. Sie ist damit ein Beitrag zum Gemeinwohl und ein wertvoller Dienst an der Gesellschaft.

Die ARG versteht ernsthaften, weltoffen gelebten (inter-) (religiösen) Dialog als eine religiöse Aktivität. Im Absatz 7 ihrer Religionslehre ist zu lesen:[2] »Dialog mit anderen und andersdenkenden Menschen hilft uns, unser eigenes Leben in einem breiteren Zusammenhang zu sehen und zu verstehen. Indem wir uns auf die Welten anderer Menschen einlassen, transzendieren wir unseren eigenen Erfahrungshorizont.«

Schon seit einiger Zeit unterstützt die ARG je nach Bedarf und Möglichkeit Mitglieder dabei, dass atheistische Überzeugungen in österreichischen Asylverfahren wahr- und ernstgenommen werden. Auch das ist eine Form atheistischer Seelsorge – eine, die in mehrfacher Hinsicht mit existenziellen Fragen zu tun hat. Ebenso war die ARG bereits mehrmals eingebunden in die Ausbildung von Ethik-Lehrer:innen zum Thema »Umgang mit dem Lebensende«.[3]

Alltagsbewältigung, Sinnperspektive, Resilienzstärkung, Beistand, Erleichterung verschaffen durch Gemeinsamkeit, gute Erfahrungen ermöglichen (indem zum Beispiel Trauer oder Freude anerkannt werden) – atheistische Seelsorge kann vieles sein! Der Bogen der Möglichkeiten ihrer Verwirklichung ist weit gefächert. Er reicht von individueller Begleitung und Gemeinschaftsentwicklung bis hin zum Schreiben von Büchern und zum (Weiter-)Entwickeln und kritischen Überprüfen von atheistischen Perspektiven.

Atheistische Seelsorge bedeutet im Fall der ARG, aus der grundsätzlichen Orientierung und Lehre der ARG heraus Menschen zu begleiten – wie immer das jeweils konkret verwirklicht wird – und die diesbezüglichen Erfahrungen für eine möglichst gute Weiterentwicklung der ARG und ihrer Lehre aufzuarbeiten und zur Verfügung zu stellen. Sie ist damit immer auch ein wechselseitiges Geben und Nehmen.

Am 30. Dezember 2019 hat die ARG beim österreichischen Kultusamt einen Eintragungsantrag nach dem Bekenntnisgemeinschaftengesetz (BekGG, »Bundesgesetz über die Rechtspersönlichkeit von religiösen Bekenntnisgemeinschaften«) gestellt. In den Erläuternden Bemerkungen der Regierungsvorlage zum BekGG wird Transzendenzbezug als wichtiges Kriterium zur rechtlichen Unterscheidung von Religion und Nicht-Religion festgelegt: »Religion: Historisch gewachsenes Gefüge von inhaltlich darstellbaren Überzeugungen, die Mensch und Welt in ihrem Transzendenzbezug deuten sowie mit spezifischen Riten, Symbolen und den Grundlehren entsprechenden Handlungsorientierungen begleiten« (Apfalter 2020). Aktuell befindet sich das Verfahren auf dem Rechtsmittelweg. Es wirft nicht zuletzt grundlegende Fragen zur Religionsfreiheit auf. Gehört zum Kernbereich von Religionsfreiheit auch die Freiheit, sich ein eigenes

religiöses Transzendenzverständnis zu erarbeiten und auf dessen Grundlage ein eigenes religiöses Transzendenzverhältnis zu entwickeln?

Der Genetiker John Haldane hat einmal vier Phasen des Akzeptierens beschrieben:

»1. This is worthless nonsense,
2. This is an interesting, but perverse, point of view,
3. This is true, but quite unimportant,
4. I always said so.«

Wilfried Apfalter, Nikolaus Bösch-Weiss und **Wolfgang Ebner** sind Mitglieder der Atheistischen Religionsgesellschaft in Österreich (ARG). Diese ist mit aktuell rund 400 Mitgliedern die derzeit größte atheistische Organisation in Österreich und verfolgt unter anderem das Ziel, neue Räume der kulturellen Partizipation zu eröffnen.

Kontakte: office@atheistisch.at
wilfried.apfalter@atheistisch.at
nikolaus.boesch-weiss@atheistisch.at
wolfgang.ebner@atheistisch.at
Website: https://atheistisch.at

Literatur

Apfalter, W. (2019). Griechische Terminologie. Einführung und Grundwissen für das Philosophiestudium. Freiburg/München.
Apfalter, W. (2020). Is an atheist religion in Austria legally possible? In: Journal of Law, Religion and State, Bd. 8, S. 93–123.
Haldane, J. (1963). Review »The truth about death«. In: Journal of Genetics, Bd. 58, S. 464.

Anmerkungen

1 § 2 Absatz 9 der ARG-Statuten in der Fassung vom 13. April 2018, siehe https://atheistisch.at/organisation/statuten/.
2 § 2 Absatz 7 der ARG-Statuten in der Fassung vom 13. April 2018, siehe https://atheistisch.at/organisation/statuten/.
3 Im Rahmen des Hochschullehrgangs/Zertifikatskurses »Ethik« der Pädagogischen Hochschulen KPH Wien/Krems und PH Wien und seines Grundmoduls »Ethik im Spannungsfeld von Religionen und Kulturen« in der Vorlesung »Religionen und deren Ethos« von Prof. Wolfram Reiss und Robert Wurzrainer (Lehrstuhl für Religionswissenschaft am Institut für Systematische Theologie und Religionswissenschaft an der Evangelisch-Theologischen Fakultät der Universität Wien).

Ansätze einer säkularen Wohlsorge
Wieso es sie braucht und was sie leisten kann

Andreas Kyriacou

»Seelsorge« deuten wohl viele gleich doppelt als religiöses Angebot. Es geht, dies impliziert der Begriff, um das Seelenheil, also die Pflege eines eigentlich nur religiös erfassbaren Teils seiner selbst. Da scheint es in der Natur der Sache zu liegen, dass Vertreter und – je nach Gruppierung – Vertreterinnen der Religionsgemeinschaften für die Erbringung des Angebots zuständig sind. Seelsorge betrifft also weder den Staat noch diejenigen, die mit dem Konzept der Seele wenig anfangen können, oder? Was auf den ersten Blick schlüssig erscheinen mag, ist in der Praxis deutlich komplizierter.

Man kann sich die Seelsorge gut rein als Angebot der Religionsgemeinschaften für die eigenen Mitglieder vorstellen. In diesem Fall ist die Ausgestaltung sinnigerweise stark auf die Besonderheiten der spezifischen Glaubensgemeinschaft zugeschnitten. Und diese sind dann naheliegenderweise auch für die Gewährleistung der nötigen räumlichen und personellen Ressourcen zuständig. Außenstehenden kann und soll bei einer derartigen Ausgestaltung der Seelsorge das innere Funktionieren der Gemeinschaft so egal sein wie bei einem Verein von Modelleisenbahnbauern. Einzig das Einhalten rechtsstaatlicher Grundsätze muss sichergestellt sein.

Doch in der Schweiz und zahlreichen anderen Staaten ist Seelsorge eben nicht nur ein selbst organisiertes Angebot religiöser Gemeinschaften für die eigene Basis. Im Gegenteil: Sie wird maßgeblich staatlich gelenkt. In den meisten Schweizer Kantonen sind evangelisch-reformierte und römisch-katholische Seelsorger und Seelsorgerinnen in den Betriebsalltag von Gesundheits- und Sozialeinrich-

tungen sowie Gefängnissen eingebunden. Auf Bundesebene gilt dies für die Armee und Asylzentren. Vereinzelt sind auch muslimische, jüdische und altkatholische Vertreter in diese staatlich orchestrierte »Beseelsorgung« integriert.

Die in öffentlichen Einrichtungen angebotene Seelsorge wird vom Staat entweder direkt entschädigt oder über wiederkehrende Pauschalen an die Kirchen vergütet. Der Kanton Zürich beispielsweise verteilt jährlich 50 Millionen Franken an die staatlich anerkannten christlichen und jüdischen Gemeinschaften.

Leidfaden, Heft 2/2023, S. 14–18, ISSN 2192-1202, © 2023 Vandenhoeck & Ruprecht

Seelsorge als *Service public?*

In Zürich und anderswo erachtet der Staat Seelsorge also als einen *Service public,* den er zwar nicht selbst erbringen, dessen Vorhandensein er aber sicherstellen will. Damit kann die Beantwortung der Frage, was Seelsorge genau sein soll und für wen sie bestimmt ist, nicht mehr den Religionsgemeinschaften überlassen werden.

Der Zürcher Ansatz ist widersprüchlich, denn einerseits werden die Jahrespauschalen politisch mit der Abgeltung »gesamtgesellschaftlicher Leistungen« begründet, andererseits signalisiert man mit der Einbindung der beiden großen Kirchen in die Spital- und Gefängnisseelsorge klar, dass das Angebot auf spezifische Glaubensgemeinschaften ausgerichtet ist.

Was Seelsorge ist und wer und was sie leisten kann und soll, bedarf also einer genaueren Betrachtung: Ist sie ein Gesprächs- und allenfalls Beratungsangebot, mit dem die ganze Bevölkerung abgeholt werden soll?

Regina_sid / Shutterstock

Ist sie also tatsächlich gesamtgesellschaftlich ausgerichtet? Dann ist unklar, wieso die Kirchen die quasi natürlichen und einzigen Leistungserbringer sein sollen. Wenn eine erfolgreiche Seelsorge aber auf die innersten Überzeugungen einer Person zugeschnitten werden soll, reicht es nicht, dass sich der Staat lediglich für die Bereitstellung eines Angebots für Protestanten und Katholiken zuständig fühlt.

Wohl ist der Zürcher Regierung – um bei diesem Lokalbeispiel zu bleiben – beim Ist-Zustand längst nicht mehr. Im Jahr 2017 gab sie einen Kredit von CHF 500.000 für den Aufbau einer muslimischen Seelsorge. Die Regierung trägt damit dem Umstand Rechnung, dass die Bevölkerung weltanschaulich diverser geworden ist.

Der Bevölkerungsanteil der Musliminnen und Muslime ist tatsächlich im Steigen begriffen. Im Jahr 2000 betrug er 5,3 Prozent, zwanzig Jahre später 6,5 Prozent. Viel markanter jedoch stieg der Anteil der Personen ohne Religionszugehörigkeit, und zwar von 13 auf 34 Prozent. Im selben Zeitraum sank der Anteil der Mitglieder der beiden großen christlichen Kirchen im gleichen Zeitraum von 70 auf 50 Prozent.

Doppelte Säkularisierung

Diese Verschiebungen sind überdeutlich. Und doch erweisen sie sich bei genauerem Hinsehen als noch ausgeprägter. Denn die Säkularisierung hat auch einen beträchtlichen Teil derjenigen erfasst, die sich noch einer Religion zugehörig fühlen. Sie teilen deren wichtigste Überzeugungen aber nicht und nehmen auch kaum am Leben der »eigenen« Religionsgemeinschaft teil. Gemäß einer Auswertung des Statistischen Amtes des Kantons Zürich ist fast die Hälfte der Reformierten und je ein Drittel der Katholiken und der Muslime faktisch säkular: Sie glauben nicht an ein Leben nach dem Tod, allenfalls noch an eine diffuse höhere Macht und integrieren weder Gebete noch Gottesdienstbesuche in ihren Lebensalltag.

Angesichts dieser fortschreitenden Verweltlichung der Gesellschaft wirkt der Fokus auf die Ausweitung des Seelsorgeangebots in Zürich auf Muslime und Musliminnen befremdlich. Es scheint geprägt von der Grundannahme, dass Seelsorge ein Bedürfnis ist, das ausschließlich religiöse Personen haben. Im engsten Sinn wirkt das vielleicht stimmig: Wer nicht an eine Seele glaubt, meldet wohl kaum das Bedürfnis an, Dritte sollten sich um deren Wohlergehen kümmern.

Was kann und soll die Seelsorge?

Doch wird bei der in Spitälern praktizierten Seelsorge tatsächlich vorwiegend religiöse Betreuung geboten? Und wie sieht es auf der Nachfrageseite aus? Welche Erwartungshaltungen haben Patientinnen und Patienten, die ein solches Angebot nutzen? Hilfreiche Antworten auf diese Fragen liefert die Untersuchung von Urs Winter-Pfändler und Kevin Flannelly aus dem Jahr 2013. Sie befragten gut 600 Schweizer Spitalpatientinnen und -patienten, die mindestens zehn Minuten seelsorgerische Betreuung in Anspruch genommen hatten, nach ihren Erwartungen. Relevant war für die Befragten dreierlei: das Zustandekommen eines Vertrauensverhältnisses, Hilfe bei der Bewältigung der Krankheit (Coping) sowie religiöse beziehungsweise spirituelle Betreuung. Diese umfasst beispielsweise gemeinsames Beten oder das Lesen religiöser Schriften. Insgesamt am wichtigsten war die Ausgestaltung der Beziehung zur Seelsorgeperson. Das Bedürfnis nach religiös-spiritueller Fürsorge kam in der Gesamtauswertung an letzter Stelle und war nur für ausgeprägt religiöse Personen von größerer Bedeutung.

Nur 38 der 612 befragten Personen gaben an, nicht religiös zu sein. Die Areligiösen nahmen die kirchlich organisierte Seelsorge also mit großer Zurückhaltung in Anspruch. Daraus ließe sich nun schlussfolgern, dass dieses Bevölkerungssegment tatsächlich kaum ein Bedürfnis nach einer derartigen Betreuung verspüre. Dagegen spricht allerdings, dass die teilnehmenden nichtreligiösen Personen hohe Erwartungen an die Beziehung zum Gesprächspartner und die Coping-Unterstützung hatten. Auch die Erfahrungen des sogenannten Familiendienstes der Freidenker-Vereinigung sowie die Nutzung ihres telefonischen Gesprächsangebots während der Coronapandemie zeigen, dass auch Religionsferne froh um Gesprächspartner und -partnerinnen sind, die sie in Krisensituationen unterstützen. In Ländern mit einem etablierten weltlich-humanistischen Angebot, beispielsweise in den Niederlanden und in Belgien, wird es gern in Anspruch genommen. Auch eine Untersuchung aus England und Wales (Wright 2001) zeigte, dass Patientinnen und Patienten eine breite Palette an nichtreligiösen Bedürfnissen haben. Sie wollen beispielsweise über die Sorge um einen Verwandten, Leiden sowie über Tod und Sterben sprechen können. Wichtig ist für sie, Zugang zu haben zu jemandem, der zuhört und für sie da ist.

Wohlsorge für die Säkularen

Es ist also anzunehmen, dass ein weltanschaulich neutrales Gesprächsangebot, das Personen dabei unterstützt, Resilienz für ihre Situation zu entwickeln, die meisten Erwartungen erfüllen würde. Der Staat könnte nun dafür sorgen, dass ein solches Angebot existiert, die eigentlich weltanschaulich ausgerichtete Betreuung – sei sie religiös-spirituell oder weltlich-humanistisch – hingegen nicht weiter als Bereich ansehen, um dessen Organisation er sich kümmert. In diesem Fall spräche vieles dafür, dass der Staat für die Erbringung dieses Angebots künftig eher Fachgesellschaften mit klinisch-psychologischer Spezialisierung beauftragt, die ohnehin auf derartige Fürsorgearbeit spezialisiert sind.

Doch auch das bisherige Modell, bei dem eine Person alle drei Bereiche – inklusive weltanschaulich ausgerichtete Betreuung – abdeckt, lässt sich vertreten, da es für Insassinnen und In-

sassen von Krankenhäusern, Heimen und Gefängnissen einfacher sein dürfte, zu nur einer
Person ein Vertrauensverhältnis aufzubauen. In
dieser Konstellation ist es auch für Personen ohne
Religionsbezug von Bedeutung, eine Gesprächspartnerin oder einen Gesprächspartner zu haben,
deren Weltanschauung der eigenen gleicht. Wer
nicht an ein Leben nach dem Tod glaubt, wird
etwa in Jenseitsversprechen wenig Trost finden. Und wer wegen einer schweren Straftat in
Haft sitzt und nicht an ein metaphysisches Wesen glaubt, das Sünden vergibt, wird einen anderen Weg finden müssen, um mit seinen eigenen
Handlungen klarzukommen.

Kompetenzen für eine humanistische Wohlsorge

Eine Person, die areligiöse Personen in schwierigen Lebenssituationen begleitet – ich schlage
dafür den Begriff *Wohlsorge* vor –, soll selbstre-
dend über eine entsprechende Vorbildung verfügen. Ein Lehrgang, beispielsweise als *Certificate
of Advanced Studies* aufgebaut, kann Überschnei-
dungen mit dem säkularen Teil von existierenden
Seelsorge- oder Spiritual-Care-Ausbildungen aufweisen, beispielsweise in Modulen zum Gefäng-
nis- oder Gesundheitsbetrieb, zu medizinischen
Grundlagen, ethischen und juristischen Aspek-

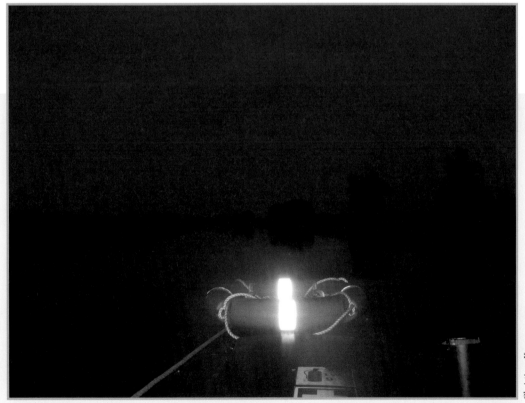

Christiane Knoop

ten der eigenen Rolle oder zu Gesprächsführungs- und Evaluationstechniken.

Darüber hinaus ist es aber unerlässlich, dass eine Person mit den Grundlagen humanistischer Überzeugungen vertraut ist. Hier bieten existierende Kursunterlagen aus den Niederlanden oder Belgien ein sehr gutes Fundament. Beispielsweise betont Ulrike Dausel, langjährige humanistische Beraterin in Belgien, die Wichtigkeit, mit einer Person zu ergründen, was ihr wirklich wichtig ist (Dausel 2018). Dies hilft, scheinbar Unzusammenhängendes und Widersprüchliches im Leben in Beziehung zu bringen. Was wiederum das Gefühl vermittelt, selbst Einfluss zu haben auf das Leben und Perspektiven zu entwickeln, die zu den eigenen Werten passen. All dies stärkt das eigene Selbstbewusstsein und das Gefühl, ein wertvoller Mensch zu sein.

Auch die Untersuchungsergebnisse der Psychologin Tatjana Schnell, die in Innsbruck und Oslo forscht und lehrt, bieten gute Grundlagen, um mit nichtreligiösen Personen Coping-Strategien zu entwickeln. Schnells Arbeiten beschäftigen sich mit der Frage, woraus Personen Lebenssinn schöpfen.

Kooperationen bei Ausbildung und Leistungserbringung denkbar

Wenn die universitären Anbieter der heutigen Spiritual-Care-Ausbildungen in der Schweiz in ihren Modulen weltlich-fachliche und theologische Aspekte entflechten – das ist aktuell nur bruchstückhaft der Fall –, scheint es durchaus wünschbar, dass Seel- und Wohlsorgestudierende gemeinsame Kurse belegen. Ebenso sollte in den Institutionen, in denen sie zum Einsatz kommen, einer Zusammenarbeit nichts im Wege stehen.

Aus Sicht der Patientinnen und Insassen wäre wohl ein Pool an möglichen Gesprächspersonen ideal. So könnte sich auch das Mitglied einer Kirche für eine weltliche Gesprächspartnerin entscheiden, wenn es zu seiner religiösen Gemeinschaft keinen Bezug hat. Und ein areligiö-

ser Mensch könnte, sei es aus familiärer Rücksichtnahme oder aus Neugierde, das Gespräch mit einem Religionsvertreter suchen. Zumindest in größeren Institutionen sollte sich ein solch offenes Angebot umsetzen lassen. Was allgemein wichtig ist: Der Impuls für das Gespräch sollte von den Gesprächssuchenden ausgehen. Die teilweise noch existierende umgekehrte Praxis, dass Seelsorger ungefragt mit Patienten oder Heiminsassinnen das Gespräch suchen, wird nicht selten als übergriffig empfunden. Das Ende des kirchlichen Präsenzmonopols dürfte dazu beitragen, dass alle mit der nötigen Zurückhaltung auftreten. Wichtigster Grund für die weltanschauliche Ausweitung des Angebots in staatlichen oder staatlich subventionierten Institutionen bleibt aber der gleichberechtigte Zugang zu Gesprächspartnerinnen und -partnern, die einen in belastenden Lebenssituationen begleiten.

Andreas Kyriacou studierte klinische Linguistik und Business Administration und widmete sich in einem MAS in angewandter Ethik der Frage, ob Strafgefangenen der Zugang zu Suizidhilfe offenstehen solle. Er präsidiert die Freidenker-Vereinigung seit 2013 und ist Gründer des Wissensfestivals »Denkfest« und der Schweizer Ausgabe des wissenschaftlich-humanistischen Kindersommerlagers Camp Quest. Er vertritt das Center for Inquiry an den Sessionen des Menschenrechtsrates in Genf und arbeitet beim Schweizerischen Nationalfonds als Business Analyst.
Kontakt: andreas.kyriacou@frei-denken.ch

Literatur

Dausel, U. (2018). Auf der Suche nach dem Sinn. In: frei denken. Das Magazin für eine säkulare und humanistische Schweiz, 4, S. 8–10.
Schnell, T. (2020). Psychologie des Lebenssinns. Berlin.
Winter-Pfändler, U.; Flannelly, K. J. (2013). Patients' expectations of healthcare chaplaincy: A cross-sectional study in the German part of Switzerland. In: Journal of Religion & Health 52, S. 159–168. doi: 10.1007/s10943-010-9451-9457.
Wright, M. C. (2001). Chaplaincy in hospice and hospital: Findings from a survey in England and Wales. In: Palliative Medicine, May, 15 (3), S. 229–242. doi: 10.1191/026921601678576211.

»Frau Pfarrerin, ich bin gar kein Kirchgänger«

Supervision und Coaching der Seelsorge mit nichtreligiösen Menschen

Heike Schneidereit-Mauth

»Frau Pfarrerin, ich bin gar kein Kirchgänger. Aber, wenn Sie schon mal da sind, können wir auch gern miteinander reden.« So oder so ähnlich beginnen viele Seelsorgegespräche. Die Menschen erleben sich selbst als distanziert von ihrer jeweiligen institutionell verfassten religiösen Organisation, sind eben keine Kirchgänger*innen mehr, gehen aber auch nicht in die Moschee, die Synagoge oder zum buddhistischen Tempel. Trotzdem haben sie zahlreiche spirituelle Themen und suchen nach Antworten auf ihre existenziellen Lebensfragen.

Manchmal heißt es augenzwickend: »Mit dem Herrgott komme ich ganz gut klar, aber mit dem Bodenpersonal habe ich so meine Schwierigkeiten.« Die Botschaft auf der Selbstoffenbarungsebene lautet dann: »Ich bin zwar kein kirchlicher, aber durchaus ein spiritueller Mensch.«

Die Kunst der Unterscheidung

In der Begleitung von Menschen in der Krise ist es wichtig, Kirchenbindung und religiöse Bindung zu differenzieren. Ein Mensch ohne Kirchenbindung ist nicht zwangsläufig ein Mensch ohne Glauben. Und umgekehrt ist ein Mensch, der selbstverständlich Kirchensteuern zahlt, vielleicht ehrenamtlich oder sogar hauptamtlich in seiner Kirche (oder einer anderen Religionsgemeinschaft) arbeitet, nicht zwingend religiös. In meiner über zwanzigjährigen Tätigkeit als Klinikpfarrerin habe ich ungemein fromme Menschen kennengelernt, die nie einer Religionsgemeinschaft angehörten. Und mir sind Menschen begegnet, die mir im Seelsorgegespräch erzählten: »Ich arbeite zwar für und in der Kirche. Mir sind die Werte wichtig. Aber an Gott kann ich nicht glauben.«

Der Mensch als spirituelles Wesen

Als Gestalttherapeutin in eigener Praxis und als Pfarrerin in einer Uniklinik habe ich von den mir anvertrauten Menschen gelernt, sehr sorgfältig zu eruieren, welche Sinnkonstrukte meinen Gesprächspartner*innen Halt geben. Dabei ist mir immer deutlicher geworden, dass Spiritualität eine grundlegende Dimension menschlichen Daseins zu sein scheint. Man könnte sogar sagen, dass jeder Mensch spirituell ist. Denn gerade in der Krise werden die großen existenziellen Fragen relevant: Woher kommen wir? Wohin gehen wir nach dem Tod? Was ist der Sinn unseres Lebens? Das sind Fragen, die sich jeder Mensch im Laufe seines Lebens stellt. Dabei ist es gleich, ob er oder sie konfessionell gebunden ist oder sich als religionsfrei definiert.

Die Antwortversuche können sehr verschieden sein. Aber allen Konstrukten gemeinsam ist, dass sie sich in einer Krise als relevant und tragfähig erweisen sollten. Da stehen dann pragmatische Lebensentwürfe, vernunftgeprägte, naturwissenschaftliche Antworten genauso auf dem Prüfstand wie einfache Glaubensaussagen, ausgefeilte theologische Denkgebäude, esoterische Beschreibungen oder der bewusste Verzicht auf Antworten. Und in dieser Situation der Sinnsuche braucht es kompetente Gesprächspartner*innen,

Leidfaden, Heft 2 / 2023, S. 19–25, ISSN 2192-1202, © 2023 Vandenhoeck & Ruprecht

die in der Lage sind, die verschieden Fragen und Erklärungsversuche zu hören, ohne die Antworten zu bewerten.

Natürlich begegnen mir in der Seelsorge, in der Supervision und im Coaching viele spirituelle Antwortversuche, die mir fremd, manchmal unbeholfen oder wenig hilfreich erscheinen. Auch in den ungewöhnlichen, manchmal fast skurril anmutenden Sinnkonstrukten zeigt sich in der Regel eine tiefe Sehnsucht, Hoffnung und Kraft zu finden, um besser mit einer schweren Lebenskrise umgehen zu können.

Tabuisierte Spiritualität

Dabei ist zu beachten, dass viele Menschen in spirituellen Dingen sehr verunsichert und wenig sprachmächtig sind. Das eigene spirituelle Leben scheint oft tabuisiert. Der individuelle Glauben und die persönliche Glaubenspraxis scheinen intimer als die eigene Sexualität. In der Begleitung geht es dann darum, Menschen zu ermutigen auch über ihre spirituellen Fragen, Nöte, Bedürfnisse und Ressourcen zu sprechen. Das ist oft mit Scham besetzt. Menschen fühlen sich sehr

mosaiko / photocase.de

verletzbar. Klient*innen inszenieren spirituelle Fragen daher oft symbolisch, senden versteckte Signale aus.

Eine Klientin, die mich zum Erstgespräch in meiner Praxis aufsuchte, sagte einmal zu mir: »Ihre Hortensien blühen so schön. Meine sind schon verdorrt.« Das war der Einstieg in eine intensive Sitzung über Kraftquellen und Lebensenergie angesichts von tiefer Trauer.

Häufig sagen Patient*innen: »Sie als Klinikpfarrerin haben es ja auch schwer: Immer nur Krankheit, Sterben und Tod. Wie halten Sie das denn aus?« Dahinter steht die unausgesprochene, manchmal etwas verschämte Frage: Was gibt Ihnen Halt und Trost? Und könnte das auch etwas für mich sein?

Vorurteilsfrei ins Gespräch kommen

Insgesamt ist es wichtig, zwischen spirituellen Bedürfnissen (verstanden als persönliche Suche nach Sinn), religiösen Antworten (verstanden als reflektiertes, von einer Gemeinschaft getragenes Sinnkonstrukt) und dem Glauben (verstanden als ein subjektives Vertrauen auf eine Wirklichkeit, die über uns hinausweist) zu unterscheiden.

Die Unterscheidung ermöglicht, sowohl spirituelle Nöte als auch spirituelle Ressourcen zu entdecken. Dabei geht es vor allem darum, vorurteilsfrei und interessiert ins Gespräch zu kommen. Ich erlebe immer wieder, dass Menschen sich hier nicht richtig gesehen fühlen. Unvergessen ist mir ein Patient, der sich bitterlich beschwerte, dass man ihm keine Seelsorge angeboten habe, weil er keiner Kirche angehörte. Und genauso eindrücklich erinnere ich mich an eine Patientin, die peinlich berührt war, als man ihr ungefragt die Krankenkommunion brachte, weil sie eine wichtige Funktion im Bistum innehatte.

Sich selbst kennen

Patientenorientierte Begleitung auch in spirituellen Fragen weiß darum, dass die Welt aus der eigenen Sicht ganz anders aussehen kann als aus der Perspektive des anderen. Wer andere spirituell begleiten will, muss daher ein Bewusstsein davon haben, was er selbst glaubt, hofft, befürchtet oder wünscht. Wer seine eigenen spirituellen Vorlieben gut kennt und weiß, dass ein Kranken- oder Sterbebett nie Missionsgebiet für irgendwelche (religiösen oder atheistischen) Überzeugun-

Spiritualität scheint eine grundlegende Dimension menschlichen Daseins zu sein. Man könnte sogar sagen, dass jeder Mensch spirituell ist. Denn gerade in der Krise werden die großen existenziellen Fragen relevant.

gen sein darf, kann Menschen in der Krise auch spirituell angemessen begleiten, indem Fragen und Hoffnungen angesprochen werden, die ich als Transzendenz beschreibe, weil sie das jetzige Leben übersteigen. Menschen benötigen Sprachhilfe und Ermutigung, um ihr Leben individuell zu deuten und um Worte für das Geheimnis ihres Lebens zu finden.

Seelsorge mit Menschen ohne kirchliche Bindung

So verschieden die Lebensgeschichten, so verschieden sind auch die Sinngebungen. Allen Lebensdeutungen – und seien sie uns noch so fremd – sind mit Respekt zu begegnen. Dabei erlebe ich immer wieder, dass gerade auch Menschen, die sich als religionsfrei bezeichnen, mir als Pfarrerin erstaunlicherweise mit einem großen Vertrauensvorschuss begegnen. Das hat meines Erachtens fünf Ursachen.

Fünf vertrauensbildende Aspekte in der Seelsorge

1. Leid aushalten

Wer mit mir als Pfarrerin in einer Krisensituation spricht, hat bestimmte Vorstellungen und Erwartungen im Kopf. Unausgesprochen stehen Sätze im Raum: Mit dem Sterben ist nicht alles aus. Es gibt Hoffnung über den Tod hinaus. Alles Leben hat einen Sinn.

Qua Amt werde ich als Pfarrerin als protektiver Faktor erlebt. Weil die Menschen zu wissen meinen, was ich glaube und denke, entwickeln sie eine erstaunliche Offenheit und sind sich sicher, dass ich vor ihrem Leid nicht zurückschrecke. Weil sie davon ausgehen, dass ich eine Hoffnung und daher keine Angst vor dem Tod habe, erzählen sie von ihrer Not und Verzweiflung. Der Ausdruck und das Aushalten dieser Ängste ermöglichen meinem Gegenüber, seine und ihre ganz eigene Wahrheit in Bezug auf Krankheit, Sterben und Tod zu suchen und zu finden.

2. Worte finden

Das Sterben und der Tod machen Menschen fassungs- und vor allem sprachlos. Ein Ritual gibt Worte, wo Menschen die Worte fehlen, und stellt in einer Krise Handlungs- und Artikulationsmöglichkeiten bereit. Das schafft Halt und Orientierung.

In der Klinik wurde ich als Pfarrerin oft dazu gerufen, wenn es darum ging, die Therapie einzustellen. Eine atheistische Oberärztin bot jeder Familie die Aussegnung des Verstorbenen als Übergangritus an. Von einem neuen Kollegen darauf angesprochen, erklärte sie freimütig: »Das entspricht dem Bedürfnis der Hinterbliebenen nach Begleitung, Struktur und Stabilität in der Krise.

> *Die Bibel ist ein Buch,*
> *das vor verdichteter Lebens-*
> *erfahrung nur so strotzt.*

Dan Oberly / Shutterstock

Und religiöse Rituale bewirken das seit Jahrtausenden.«

Und in der Tat: Rituale beanspruchen Überindividualität. In Augenblicken emotionaler Erregung kann man sich an ein bewährtes Verhaltensschema halten. Das funktioniert auch dann, wenn den Beteiligten das Ritual fremd geworden oder – was immer häufiger passiert – völlig unbekannt ist. Die Allgemeingültigkeit und Überindividualität des Rituals entfalten darin ihre Wirkung, dass das Besondere und Erschreckende der eigenen Lebenswirklichkeit in einen übergreifenden Rahmen eingebunden werden. Dadurch wird suggeriert: »Du bist nicht allein.« Und vor allem: »Du bist nicht der Erste und nicht die Einzige, die so etwas erlebt.«

3. Das Spiel des Lebens

Menschen möchten in der Krise nicht allein sein. Es tut gut zu wissen, dass auch andere ähnliche Erfahrungen gemacht haben. Auch Menschen, die religiös nicht gebunden sind, gehen davon aus, dass Pfarrer*innen wissen, wie das Leben so spielt. Und es stimmt: Als Seelsorgerin habe ich so viele Lebensgeschichten gehört, dass mir nichts Menschliches mehr fremd ist.

Und dass das offenbar immer schon so war, kann man in der Bibel nachlesen. Die Bibel ist ein Buch, das vor verdichteter Lebenserfahrung nur so strotzt. Sie kennt Mord und Betrug, Ehe-

bruch und Verlangen, Geschwisterkonkurrenz und Erbstreitigkeiten, ungewollte Schwangerschaften und Kinderlosigkeit, sehr alte und sehr junge Mütter, verzweifelte und glückliche Menschen, Schuld und Scham.

Die Poesie- und Bibliotherapie ist noch ein recht junges Therapieverfahren. In der Seelsorge nutzen wir das Erzählen von Ermutigungsgeschichten schon lange als Methode. Und da vielen Menschen die biblischen Texte nicht mehr vertraut sind, gibt es interessante Überraschungseffekte: »Wie – das steht in der Bibel? Woher wissen die, wie ich mich gerade fühle?« Die Bibel ist wie andere literarische Werke ein Schatz guter Erfahrungen und geglückter Bewältigungs- und Lösungsstrategien, ein Lebensratgeber der ganz besonderen Art.

4. Schuld (und Vergebung)

Wenn Menschen schwerwiegend erkranken, blicken sie auf ihr Leben, auf das, was gelungen ist, und das, was leer blieb. Nicht selten werden dann auch die Lebensstationen erinnert, an denen man sich selbst und auch anderen etwas schuldig geblieben ist.

Ich erinnere mich an einen schwerkranken Mann, der das Gespräch mit mir mit den Worten begann: »Ich glaube nicht an Gott. Und wenn es ihn gäbe, wüsste ich nicht, ob er mir vergeben würde.« Er erzählte, dass er als junger Mann in einen Unfall verwickelt war. Eine Frau starb. Er wurde freigesprochen. Aber ihn haben die Bilder und seine Verantwortung nie losgelassen. Wir haben lange über Schuld und Vergebung gesprochen. Aus dem seelsorglichen Gespräch wurde ein Beichtgespräch, das mit Schuldeingeständnis und Absolution endete.

Menschen werden ständig schuldig und sind auf Vergebung angewiesen. Wenn Schuld schwer wiegt und das Leben sehr belastet, hat die Beichte, eine emotional lösende Wirkung. Das gilt offenbar auch für Menschen ohne kirchliche Bindung.

Die Pflegende fragten mich später: »Was ist denn mit Herrn O. passiert? Er sagt, er habe nach dem Gespräch mit Ihnen keine Angst mehr vor dem Sterben.« Wenige Tage nach seiner Lebensbeichte ist er friedlich gestorben.

5. Eine Sache des Vertrauens

»Das habe ich noch nie jemanden erzählt«, sagt der Patient auf der Palliativstation. Er ist tief betroffen. Voller Scham hat er mir aus seinem Leben berichtet. Er hat seit Jahren immer wieder sexuelle Beziehungen zu Männern. Niemand weiß von seiner Bisexualität. Seine Ehefrau und seine Kinder würden aus allen Wolken fallen, wenn sie da-

Menschen werden ständig schuldig und sind auf Vergebung angewiesen. Wenn Schuld schwer wiegt und das Leben sehr belastet, hat die Beichte, eine emotional lösende Wirkung. Das gilt offenbar auch für Menschen ohne kirchliche Bindung.

von wüssten, erzählt er mir. Angesichts des Todes grämt ihn sein Doppelleben. »Das habe ich noch nie jemanden erzählt! Aber Sie als Pfarrerin stehen ja unter Schweigepflicht und dürfen es niemandem, noch nicht einmal den Ärzten erzählen. Und das gilt doch auch für mich als Atheisten?«

Die seelsorgliche Schweigepflicht ist ein hohes Gut. Dabei wird zwischen Beicht- und Seelsorgegeheimnis unterschieden. Vom Seelsorgegeheimnis kann mich mein Gesprächspartner entbinden. Das Beichtgeheimnis gilt unverbrüchlich, das heißt, ich kann selbst durch den Beichtenden nicht davon entbunden werden. Die strengen Regeln zur seelsorglichen Verschwiegenheit nutzen auch kirchlich und religiös ungebundene Menschen, wenn es um für sie schambesetze und heikle Lebensthemen geht.

Als Klinikpfarrerin und als Integrative Gestalttherapeutin habe ich viele Menschen in den verschiedensten Krisen begleitet. Meine Erfahrung ist, dass sich die Krisenbewältigung religiöser und nichtreligiöser Menschen wenig unterscheidet. Denn in der Krise geht es letztlich darum, ob die bisherigen Antworten als tragfähig und tröstend erlebt werden. Dabei sind die Verarbeitungswege so vielfältig wie die Menschen, die sich mit Krankheit, Sterben, Tod und Trauer auseinandersetzen müssen.

Es gibt Menschen, die die Welt nicht mehr verstehen und vom Glauben abfallen. Und es gibt Menschen, die immer ohne Gott gelebt haben und die auf einmal zu Kirchgängern werden. Und es gibt Menschen, die sich als religionsfrei definieren und trotzdem das Gespräch mit der*dem Pfarrer*in schätzen. Und es gibt Menschen, die zeitlebens kirchlich engagiert waren und keine Seelsorge in Anspruch nehmen. Und natürlich gibt es auch sehr viele Menschen, deren religiöse oder areligiöse Sinnkonstrukte sich als krisenfest erweisen.

 Heike Schneidereit-Mauth ist evangelische Pfarrerin, Integrative Gestalttherapeutin, Psychoonkologin, systemischer Coach und Organisationsberaterin. Sie betreibt eine Praxis für Gestalttherapie, Supervision und Coaching in Mettmann, hat über zwanzig Jahre als Klinikpfarrerin der Uniklinik Düsseldorf gearbeitet, gehört nun der Leitung des Evangelischen Kirchenkreises Düsseldorf an und verantwortet im Kirchenkreis das Handlungsfeld Seelsorge. Ihre Schwerpunktthemen sind Ressourcenorientierte Seelsorge, Salutogenese, Burnoutvorsorge und Gesunde Führung.
Kontakt: info@schneidereit-mauth.de
Website: www.schneidereit-mauth.de

Literatur

Schneidereit-Mauth, H. (2015). Ressourcenorientierte Seelsorge. Salutogenese als Modell für seelsorgerliches Handeln. Gütersloh.

Ob es Gott gibt, kann nur sie selber wissen

Spiritual-Care-Begleitung als Lebens- und Persönlichkeitsstärkung in absoluter Offenheit

Norbert Reicherts und Christoph Schmidt

Ob es Gott gibt, kann nur sie selber wissen: Der Titel dieses Artikels mag an verschiedenen Stellen Fragen hervorrufen, vielleicht sogar irritieren – und hat damit das ausgelöst, wozu er ursprünglich formuliert wurde. Dieser Satz ist die 6. von 95 Thesen, die wir 2017, zum 500. Reformationsjubiläum, mit Birgit Boukes vom Verein Unergründlich e. V., Köln, formuliert haben. Diese Thesen haben nicht das Ziel, zu überzeugen oder gar zu neuen Wahrheiten hinzuführen, sondern sie sollen Anregung sein, sich über die eigene Spiritualität, über das (!) eigene Glauben oder Nichtglauben, über das eigene Bewusst-Sein Gedanken zu machen und sich damit auseinanderzusetzen. Kleine, zeitlich begrenzte Begleiter auf dem eigenen Prozess individueller (Nicht-)Glaubenswirklichkeit.

Als christliche Seelsorger erlebten wir vor vielen Jahren immer mehr, wie sehr diese Seelsorge die Menschen, für die wir Sorge tragen, und auch uns selbst beschränkte. All die existenziellen Fragen und Nöte, die persönlichen Krisen, all die Fragen nach einem Sinn vor dem Hintergrund der individuellen Erfahrung und die Hoffnung in einer eigenen Spiritualität können nicht von außen beantwortet, beraten, sondern nur in höchster Achtsamkeit begleitet werden, ohne (christliche) Antwort.

Spiritual-Care-Begleitung versucht, jeden Menschen in seiner eigenen Auseinandersetzung, seinem individuellen Glauben und Nicht-Glauben,

René Magritte, Der Mann und die Nacht, 1964 / akg-images / © VG Bild-Kunst, Bonn 2023

seinem eigenen Bewusstsein zu unterstützen und so existenzielle Seelsorge zu sein. Dies betrifft alle Bereiche des Lebens, nicht nur zum Beispiel den Bereich der palliativen Versorgung und der Trauerbegleitung.

Die aktuelle gesellschaftliche Bedeutung einer Spiritualität in absoluter Offenheit ergibt sich aus der Tatsache, dass über 40 Prozent der deutschen Bevölkerung keiner Religionsgemeinschaft mehr angehören. Damit bilden sie im Vergleich zu den Zugehörigen der einzelnen Religionsgemeinschaften die größte Gruppe.

Die fehlende Zugehörigkeit zu einer etablierten Religionsgemeinschaft bedeutet jedoch nicht fehlende Spiritualität.

Spiritualität als existenzielle und individuelle Erfahrung

Die Spiritual-Care-Begleitung eines unheilbar erkrankten 84-jährigen Mannes, »praktizierender« Katholik, richtete sich zunächst auf sein religiöses Erleben. Im prozesshaften Verlauf wurde deutlich, dass für ihn die Zugehörigkeit zur katholischen Kirche wichtig ist, weil er dies so von seinen Eltern übernommen hatte. Doch dann sagte er Folgendes:

»Mein Glaube ist aber nichts, was meinem Leben wirklich einen Sinn gibt. Die Beziehung zu meiner Familie, besonders zu meiner Frau und meinen Kindern, gibt meinem Leben einen Sinn, auch wenn sie unter meiner zweiten Leidenschaft, der Begeisterung für den Fußball auch zurückstehen mussten. Fußball war und ist mein Leben.«

Sind Begeisterung und ein über sich selbst hinauswachsendes Erleben spirituelle Bereiche? – Ja! In der weiteren Spiritual-Care-Begleitung gab es viele Gespräche, Begegnungen und Zeit mit der Familie im Hier und Jetzt. Und die Fußballbegeisterung als Lebenssinn wurde nicht nur in der Erinnerung lebendig, sondern das erneute Erleben dieser Begeisterung gab dem Mann Kraft und eine tiefe Geborgenheit – leben bis zuletzt, sich seiner selbst bewusst seiend.

»Spirituality is concerned with a transcendental or existential way of living one's live at a deeper level« (Spiritualität befasst sich mit einer transzendentalen oder existenziellen Art, das eigene Leben tiefer zu leben) (Puchalski 2021, S. 38). Spirituell-Sein und Glauben sind sehr individuelle Fähigkeiten des Menschen. Sie sind im Letzten nur von jeder und jedem Einzelnen für sich erlebbar und hilfreich, lebens- und persönlichkeitsstärkend. Die Verbundenheit in einer tiefen Geborgenheit braucht keinen Inhalt, keine allgemeingültige Wahrheit und keine Bekenntnisse, sondern ist nur individuell spürbar.

Die mystische Theologie Meister Eckharts drückt es so aus: »Darum bitte ich Gott, dass er mich Gottes quitt mache. Denn mein wesentliches Sein ist oberhalb von Gott (…) Ich bin Ursache meiner selbst meinem Sein nach« (Meister Eckehart 1320/1979, S. 308).

Spiritualität, die Sehnsucht nach und das Erleben von Geborgenheit, die Auseinandersetzung mit Sinnfragen und dem persönlich Bedeutsamen, der Wunsch nach und das Erleben von Verbundenheit sind jedem Menschen eigen als zutiefst persönlicher Prozess.

Prozesshafte Veränderung statt sicherer Wahrheit

Spiritualität wird heute immer noch etablierten Glaubensgemeinschaften zugeschrieben, vor allem den traditionellen. Diese Zuschreibung beruht auf einer langen Tradition. Die unterschiedlichsten Glaubensgemeinschaften haben sich mit ihren Glaubenswahrheiten und Glaubensbekenntnissen tief in die verschiedenen Gesellschaften und Kulturen eingebracht. Die Glaubensfreiheit der Einzelnen – ein Menschenrecht – wurde dabei nicht immer beachtet. Denn selbst diejenigen, die sich von diesen Gemeinschaften entfernt und getrennt haben, sind weiterhin dem Einfluss von internen Gruppenwahrheiten und -bekennt-

nissen unterworfen. Die immer wiederkehrende Auseinandersetzung über einen stillen christlichen Feiertag (zum Beispiel Karfreitag), an welchem nicht getanzt und gefeiert werden darf, ist ein Beispiel.

Wenn wir von Glauben und Spiritualität sprechen, meinen wir meist die Inhalte und weniger das (!) Glauben – den Akt des Glaubens oder den Akt des Spirituell-Seins. Was ist aber wirksam: der Inhalt oder das Tun, die sogenannte Wahrheit oder der Akt? Alle Glaubensgemeinschaften haben im Laufe ihrer Geschichte ihre Inhalte zu Wahrheiten, oft zu der einzigen Wahrheit erklärt. Die Problematik daran ist, dass sie damit den Akt des Glaubens durch einen Akt eines gemeinsamen inhaltlichen Wissens ersetzt haben, das in der Folge keine Alternativen zulässt – Grund eines jeden Religionskrieges. Der persönliche Prozess der Spiritualität kommt darin nicht (mehr) selbstverständlich vor.

»Du machst aus Gott eine Ziege, fütterst ihn mit Wort-Blumen. Ebenso machst du aus Gott einen Schauspieler, gibst ihm deine alten und schlechten Kleider« (Meister Eckehart, In Sapientiam n. 61, zitiert in 1320/1979, S. 29).

Die Freiheit des individuellen Erlebens und die Offenheit für anderes individuelles Erleben können gemeinschafts- und friedensstiftend sein, ohne gemeinsame Wahrheiten. In Freiheit und Offenheit kann das menschliche Grundbedürfnis nach Gemeinschaft und heilender Beziehung gestillt werden.

Wir können dem Spirituell-Sein und Glauben auf die Spur kommen, wenn wir uns von jedwedem Inhalt gedanklich lösen. Was bleibt, ist, begeistert zu sein, zu hoffen, sich (seiner selbst) bewusst zu sein, eins und Teil zu sein und in sich Geborgenheit und Freiheit zu erleben. Der Philosoph Jankélévitch spricht von einer »schöpferischen Hoffnung« (Jankélévitch 1966/2017, S. 461). Dabei kann es nicht um den Besitz einer bleibenden Wahrheit gehen, Spiritualität bedeutet vielmehr, sich einer prozesshaften Veränderung, die das Leben von selbst mit sich bringt, schöpferisch anzuvertrauen, im alltäglichen Leben, in Krisen, in schwerer Krankheit, auch im Sterben.

Albert Camus beschreibt ein persönliches spirituelles Wachstum in seinem Roman »Der erste Mensch«: »In diesem Dunkel in seinem Innern keimte jene hungrige Lebensgier, jene Lebenslust, die ihn immer beseelt hatte und noch heute seine Person zusammenhielt (…) er spürte heute, wie das Leben, die Jugend, die Menschen ihm entglitten, ohne sie in irgend etwas retten zu können, und nur der blinden Hoffnung hingegeben, jene auch in härtesten Situationen gleich starke dunkle Kraft, die ihn so viele Jahre über die Tage getragen, uneingeschränkt gestärkt hatte, möge ihm mit der gleichen rastlosen Großzügigkeit, mit der sie ihm Gründe zu leben gegeben hatte, Gründe dafür liefern, alt zu werden und ohne Aufbegehren zu sterben« (Camus 1995, S. 316 ff.).

Lebens- und persönlichkeitsstärkende Begleitung

Ob es Gott gibt, kann nur sie selber wissen – diese These regt nicht nur zur Auseinandersetzung mit der eigenen Spiritualität an, sie spiegelt auch wider, auf welcher Grundlage Spiritual-Care-Begleitung geschieht.

Wenn wir die individuelle Spiritualität eines jeden Menschen, unabhängig von der Zugehörigkeit zu einer Religionsgemeinschaft, ernstnehmen, kann Spiritual-Care-Begleitung nur mit einer Haltung der absoluten Offenheit geschehen. Angesichts der zutiefst persönlichen Bedeutsamkeit jeder menschlichen Sehnsucht und Sinnsuche, Verbundenheit und Erfüllung können im Rahmen von Spiritual Care – gerade in persönlichen Krisen, im Sterben und in der Trauer – kei-

Ulrike Adam / photocase.de

ne Glaubenswahrheit und kein sicheres Wissen des Begleitenden eine Rolle spielen.

Spiritual Care geht den existenziellen Fragen jedes einzelnen Menschen nach, welche es auch immer sind. Im Vergleich zu der christlichen und anderen religiösen Seelsorge kann man sie deshalb existenzielle Seelsorge, die Sorge um das individuelle Selbst-Bewusstsein, nennen. Sie knüpft an die Existentielle Psychotherapie von Irvin D. Yalom an und ist ein dynamischer spiritueller Zugang, »der sich auf die Gegebenheiten konzentriert, welche in der Existenz des Individuums verwurzelt sind« (Yalom 1989, S. 17). In der Integrativen Therapie nach Hilarion G. Petzold ist sie die Fortsetzung der Nootherapie, der Therapie des Geistes. »Das kreative Tun und die nootherapeutische Praxis in der Integrativen Therapie, die auf die Bearbeitung von Fragen des Lebenssinnes, der Werte abzielen (…) hat uns immer wieder an Phänomene geführt, wie sie auch aus Berichten (…) aus der Meditation und Mystik bekannt sind« (Petzold 1993, S. 257).

Dieses individuelle Selbst-Bewusstsein kann in der christlichen Seelsorge nur im Rahmen ihrer Verkündigungswahrheit vorkommen. Viele christliche Seelsorgende werden diese Aussage vielleicht empört von sich weisen und ausdrücken, dass sie alle Menschen begleiten. Einige werden dazu in der Lage sein, aber dies ist nicht die Aufgabe ihrer Rolle als kirchlich angestellte und somit die Kirche repräsentierende, unter einem Missionsauftrag stehende Seelsorgende. Auch in guten Begegnungen bringt die institutionelle Rolle es mit sich, dass eine individuelle Seelsorge mit der Haltung der absoluten Offenheit nicht intendiert ist.

Spiritual Care als Teil des Gesundheitswesens

Eine stärkende, sorgende Begleitung benötigt einen vertrauensvollen, ja innigen Prozess. Dieser umfasst auch Anamnese und Diagnostik spiritueller Symptome im Sinne des total-pain-

Spiritual Care ist eine befreiende begleitende Tätigkeit. Spiritual Care ist kein Wegweiser, denn den Weg kennen nur die Menschen, nicht ihre Begleitenden.

Konzepts nach Cicely Saunders, bei dem in der palliativen Versorgung neben der körperlichen, psychischen und sozialen auch die spirituelle Dimension integriert ist. In der Begleitung wird sich der jeweilige individuelle Bereich zeigen. Dieser individuelle Bereich, der für den Begleiteten im Spirituell-Sein wirksam ist, hat in der Spiritual-Care-Begleitung das Potenzial, das Selbst zu stärken, gerade in Krisenzeiten. »All these aspects of spirituality help patients cope, find hope in the midst of suffering, find joy in life, and/or find the ability to be grateful« (Alle Aspekte von Spiritualität unterstützen Patient:innen in der Bewältigung, Hoffnung zu finden mitten im Leiden, Freude zu finden im Leben und/oder die Fähigkeit zu finden, dankbar zu sein) (Puchalski 2021, S. 32).

Ein persönlichkeitsstärkendes Erleben zu unterstützen und zu fördern, ist eine Aufgabe aller Berufsgruppen im Gesundheitswesen und eine der Aufgaben von Spiritual-Care-Fachbegleiter:innen oder existenziellen Seelsorgerinnen, unabhängig von jedweder Weltanschauung, auch und gerade in der Palliativversorgung. »Increasingly, the concept of spiritual health is gaining recognition as a part of Whole-Person-Care (…) Achieving individual fulfillment, meaning and purpose is to be in the spiritual health domain (…) Obtaining a spiritual history is one way of listening to what is deeply important to the patient (…) It enables the clinician to connect with the patient on a deep, caring level (…) to identify spiritual distress (…) and begin to treat it through compassionate presence (…) and through referral to spiritual care professionals« (Allmählich gewinnt das Konzept der spirituellen Gesundheit Anerkennung als Teil der ganzheitlichen Personen-Sorge (…) Individuelle Erfüllung, Sinn und Bedeutung zu erlangen gehört zum spirituellen Gesundheitswesen (…) Eine spirituelle Biografie zu erhalten ist eine Form des Zuhörens, was wirklich wichtig ist für Patient:innen (…) Es ermöglicht dem klinischen Personal, sich auf einer tiefen, sorgenden Ebene mit Patient:innen zu ver-

binden (…) spirituellen Schmerz zu identifizieren (…) und ihn zu begleiten durch mitfühlende Präsenz (…) und durch Hinzuziehung von Spiritual-Care-Fachbegleitung) (Puchalski 2021, S. 32, 35).

Spiritual Care ist eine befreiende begleitende Tätigkeit. Spiritual Care ist kein Wegweiser, denn den Weg kennen nur die Menschen, nicht ihre Begleitenden. Spiritual Care ist keine Wahrheit, sondern immer dem Prozess und Wandel im Hier und Jetzt unterworfen. Spiritual Care ist kein Ratgeber, aber ein Mitsuchen nach dem Selbst der und des Anderen und eine Möglichkeit, in einer heilenden Beziehung dieses Selbst wahrzunehmen. Spiritual Care fördert das Erleben: Ich werde gesehen, mit allem, was mich ausmacht!

»Wer Neues wahrnehmen will, muss sich Wahrnehmungen verschaffen. Er muss sie wollen, sie fallen nicht von selbst in ihn hinein. Er wird sie zu suchen beginnen, wenn er überrascht auf Unverstandenes trifft« (Flasch 2010, S. 322).

Norbert Reicherts und **Christoph Schmidt**, Diplom-Theologen und Gestalt- und Integrativ-Therapeuten EAG/FPI, arbeiten als konfessionsunabhängige Spiritual-Care-Begleiter in enger Kooperation mit dem Palliativteam SAPV Köln. Sie sind angestellt beim Verein Unergründlich e. V., Köln, der das Ziel verfolgt, Menschen unabhängig von Religionszugehörigkeiten und Weltanschauungen spirituell zu begleiten und zu stärken.

Kontakt: unergruendlich.ev@web.de

Literatur

Camus, A. (1995). Der erste Mensch. Reinbek.
Flasch, K. (2010). Meister Eckhart. Philosoph des Christentums. München.
Jankélévitch, V. (2017). Der Tod. Frankfurt a. M.
Meister Eckehart (1320/1979). Deutsche Predigten und Traktate. Hrsg. und übersetzt von Josef Quint. München.
Petzold, H. G. (1993). Integrative Therapie. Paderborn.
Puchalski, C. (2021) Spiritual care in health care. In: Büssing, A. (Hrsg.), Spiritual needs in research and practice. Cham/Switzerland.
Yalom, I. D. (1989). Existentielle Psychotherapie. Bergisch Gladbach.

benicce / photocase.de

Erfahrungen einer Hausärztin und Palliativmedizinerin

Ute Hartenstein

Vertrauen zwischen Arzt und Patient

Persönliche Krisen und Trauer sowie deren Bewältigung sind etwas zutiefst Menschliches auf mentaler, seelischer und nicht zuletzt körperlicher Ebene und individuell ganzheitlich zu betrachten. Als Hausärztin betreue ich Patientinnen und Patienten monate-, oft jahrelang. Das führt zu einer vertraulichen Beziehung und teilweise auch engen Bindung und damit im besten Fall zu einer vertrauensvollen Grundlage für Kommunikation, Beratung sowie Begleitung und Unterstützung in belastenden Behandlungssituationen wie schwerer Krankheit, aber auch bei familiären Todesfällen, anderweitigen Verlusterfahrungen und beim Bewältigen persönlicher Krisen. Aus dieser Sicht bin ich nicht nur Ärztin, sondern eine Art Lebensbegleiterin in Krisen.

Gelingt es, mit gutem Netzwerk wie Pflegediensten und anderen Akteuren der Patientenversorgung die betroffenen Menschen gut zu begleiten und zu »halten«, sind ungewünschte Klinikeinweisungen und -aufenthalte vermeidbar und ein Verbleiben in vertrauter, gewohnter Umgebung ist möglich.

Ich kenne verschiedenste biografische Etappen und die Krankheitsgeschichte der Patienten und Patientinnen. Im Kontext von neuen, hinzukommenden, schweren Erkrankungen und deren Verarbeitung ist dadurch vieles besser verständlich. Manchmal braucht es dann gar nicht so viele Worte.

Über Ängste reden

Mit Glaubensfragen werde ich kaum konfrontiert. Wenn ich am Patientenbett bin, geht es vorwiegend um medizinische Aspekte, bei fortschreitenden, unheilbaren Erkrankungen um Symptomlinderung und um Begleitung beim Sterben. Dabei sind nicht nur der Patient oder die Patientin im Fokus, sondern auch die liebenden, belasteten Angehörigen. Durch die enge Beziehung bin ich in diesen schwierigen Situationen auch emotional sehr nahe bei den Familien.

Das Reden über die Situation und die Belastungen kann Ängste abbauen, auch Angst vor dem Sterben und dem Tod. Ärztliches Berufsethos ist aus meiner Sicht konfessionslos. Es zeigen sich in unserem beruflichen Tun unsere Haltung, unser individueller Charakter und unsere eigenen moralisch-ethischen Wertvorstellungen. Dies ist auch abhängig von persönlichen Erfahrungen mit schwerer Krankheit, Sterben und Tod sowie eigenem Empfinden der Ärztin oder des Arztes, zum Beispiel die subjektive Schmerzschwelle, die Fähigkeit, selbst Leid und Schmerz ertragen und aushalten zu können.

Bei hochbetagten und mehrfach chronisch erkrankten Patienten ist es mitunter sehr schwierig, einen guten Behandlungspfad zu finden und umzusetzen, da ein würdevolles Lebensende nicht immer gut mit »Hochleistungsmedizin« vereinbar ist. Die Behandlungsoption des »liebevollen Unterlassens« bedeutet, bewusst auf Diagnostik und Therapie zu verzichten, wenn ein individueller Behandlungserfolg nicht zu erwarten ist, und trifft häufig auf sehr hochbetagte, mehrfach chronisch erkrankte Patientinnen und Patienten zu.

Leidfaden, Heft 2 / 2023, S. 32–33, ISSN 2192-1202, © 2023 Vandenhoeck & Ruprecht

m.schröer

Hierbei ist es sehr wichtig, mit den Patienten und den Angehörigen diese Möglichkeit dieses Verzichts zu besprechen, nicht zuletzt, um dadurch ein würdevolles Sterben zu ermöglichen ohne anstrengende, manchmal auch quälende medizinische Maßnahmen am Lebensende im Sinne des »liebevollen Begleitens«.

Menschliches Leben ist und bleibt endlich

Nachdem sich die menschliche Lebenserwartung seit dem 19. Jahrhundert nahezu verdoppelt hat, wird Sterben und Tod als naturgegebene unabänderliche Tatsache fortschritts- und gesellschaftsbedingt leider an vielen Stellen verdrängt, weil dieses Thema Ängste und Unsicherheiten auslöst, nicht nur bei Betroffenen und Angehörigen, sondern nicht zuletzt auch bei uns Ärzten und Ärztinnen. Ehrliche, empathische Anteilnahme und Beistand in der für den oder die Betroffene so belastenden und traurigen Situation helfen beim Bewältigen von Krisen. Nicht immer finde ich die richtigen Worte in diesen Situationen, Nähe und Berührung können dann helfen, manchmal kommen auch mir die Tränen. Ich betrachte das nicht als Schwäche. Letztlich zeigt es den Patienten und Patientinnen, die wir betreuen, dass Ärztinnen und Ärzte auch nur Menschen sind, die Gefühle haben und keine »Halbgötter in Weiß« sind.

Gelegentlich kommt die Schuldfrage (»Warum passiert das ausgerechnet mir?«) und nur selten werden Gedanken darüber ausgesprochen, was wohl danach kommt. Diese beantworte ich ehrlich mit Nichtwissen. In mir selbst löst dieses Nichtwissen kein Unbehagen aus. Im besten Fall kann es vielleicht gelingen, durch diese meine persönliche Einstellung auch am Patientenbett zu vermitteln, dass das Ungewisse nicht unbedingt Ängste auslösen muss. Vielleicht hat es sein Gutes, nicht alles zu wissen; auch nicht, ob etwas oder was danach kommt.

(Nächsten-)Liebe

Halt und Stütze erfahren zu Lebzeiten gesunde wie auch kranke Menschen doch am ehesten durch gute, stabile Beziehungen und Gemeinschaften, wie Partner/Partnerin, Familie, Kinder, Freunde, Nachbarn; emotional ausgedrückt: durch Liebe und Nächstenliebe.

Ob die Tatsache, dass ich in meiner Arbeit so gut wie nie mit der Frage nach dem »Danach« oder mit konkreten Glaubensvorstellungen konfrontiert werde, daran liegt, dass ich mich selbst als nicht religiös bezeichnen würde, oder aber auch an der Geschichte meiner sächsischen Heimat, in der ich tätig bin, vermag ich nicht zu beurteilen.

Am Ende haben wir doch in Krisen jeglicher Art alle einen Glauben, verbunden mit der Hoffnung, dass es irgendwie gut ausgeht.

Ute Hartenstein ist Fachärztin für Innere Medizin, hausärztliche Versorgung, Notfallmedizin sowie Palliativmedizinerin. Zusatzweiterbildungen u. a. in medizinethischer Beratung und Geriatrie.

Kontakt: info@arztpraxis-hartenstein.de

Jörg Frank: Bin gleich wieder da – oder der leere Himmel der Gläubigen

Reiner Sörries kommentiert Jörg Frank

Jörg Frank, Kreuz. Acrylfarben, Ölfarben auf Malernessel, 100 cm × 100 cm, 2009

Leidfaden, Heft 2 / 2023, S. 34–35, ISSN 2192-1202, © 2023 Vandenhoeck & Ruprecht

Künstler brauchen wenig Worte, denn sie lassen Bilder sprechen. »Bin gleich wieder da« – vier Worte vor einem hellgrauen, zerkratzt wirkenden Hintergrund; von farblichen Spuren weiß man nicht, ob es sich um Verschmutzungen oder Reste von goldener Färbung handelt – heißt doch, zumindest in einer bestimmten Lebenssituation hat sich der Himmel eingetrübt, ist mein Gott, an den ich glaube, auf den ich hoffe, nicht da! In diesem Moment scheint auch dem Gläubigen der Himmel zumindest beschädigt oder leer zu sein. Der leere Himmel ist kein Privileg der Ungläubigen.

Erfahren hat dies der Beter des 22. Psalms: »Mein Gott, mein Gott, warum hast du mich verlassen, bleibst fern meiner Rettung, den Worten meines Schreiens? Mein Gott, ich rufe bei Tag, doch du gibst keine Antwort; und bei Nacht, doch ich finde keine Ruhe.« Es sind zugleich Worte, die der Gottessohn selbst am Kreuz ausruft – in tiefster Todesnot: »Eloï, Eloï, lema sabachtani?«, das heißt übersetzt: »Mein Gott, mein Gott, warum hast du mich verlassen?« (Markus 15,34). Der Himmel Jesu war in diesem Moment leer, von Gott verlassen.

»Bin gleich wieder da« – kann man darauf vertrauen? Kommt er, auf den ich hoffe, tatsächlich zurück, oder ist dies ein leeres Versprechen? Bleibe ich angesichts des verwaisten Himmels so beständig in meinem Glauben wie der Beter des 22. Psalms, der nach seiner Klage fortfährt: »Denn er hat nicht verachtet, nicht verabscheut des Elenden Elend. Er hat sein Angesicht nicht verborgen vor ihm; er hat gehört, als er zu ihm schrie.« Er war wieder da! Hat sein Versprechen eingelöst: »Bin gleich wieder da«!

Jörg Frank = Künstler = Liebe zur Arbeit = Kunst = Leben. Studium der Bildenden Kunst (Prof. Croissant, FF/M, Stipendium in London) nach Einblick in die Arbeitswelt. Beschäftigt sich heute mit Malerei und der Dialogfähigkeit von Kunst. Leben und Arbeiten mit dem Kunstwerk. Mit Sinnvollem und Nutzlosem, mit Nutzlosem sinnvoll – Fassaden mit Kehrseite. Ausstellungen und Projekte an gewöhnlichen und ungewöhnlichen Orten. Jörg Frank lebt im Hunsrück.

Kontakt: kunstimdialog@gmail.com

Reiner Sörries ist evangelischer Theologe, Pfarrer der Evangelisch-Lutherischen Kirche in Bayern und Professor für Christliche Archäologie und Kunstgeschichte am Fachbereich Theologie der Universität Erlangen-Nürnberg. Er war bis 2015 Direktor des Museums für Sepulkralkultur in Kassel. Er lebt und arbeitet – inzwischen im Ruhestand – in Kröslin an der Ostsee.

Kontakt: soerries@web.de

Krisenbewältigung mit Spirits im Louisiana Voodoo Hoodoo
Wo Geistwesen den Alltag der Menschen prägen

Kurt Lussi

Louisiana Voodoo Hoodoo hat wenig mit bluttriefenden Zombies zu tun, die mit klaffenden Wunden und stierem Blick den Lebenden nachstellen, um sie in Untote zu verwandeln. Vielmehr ist Voodoo Hoodoo ein im Süden der USA verbreitetes spirituelles Konzept, in dem die Verehrung und Anrufung vergöttlichter Geistwesen sowie magische Praktiken eine zentrale Rolle spielen.

Krankheit und Heilung

Wie die spirituellen Konzepte fast aller ursprünglichen Kulturen geht auch der Louisiana Voodoo davon aus, dass Körper, Geist und Seele eine Einheit bilden. Was der Seele geschieht, wirkt sich auf Geist und Körper aus und umgekehrt. Krankheiten, Pech in der Liebe, wie überhaupt jegliche Form des persönlichen Unglücks haben folglich keine natürlichen Ursachen, sondern sie sind äußere Zeichen eines inneren Ungleichgewichts. Dieses entsteht durch einen Schadenzauber missgünstiger Mitmenschen oder durch persönliche Verfehlungen gegen die Gesetze der Gemeinschaft. Das Übel wird beseitigt, indem das innere Gleichgewicht mithilfe von Spirits beziehungsweise durch einen Gegenzauber wiederhergestellt wird.

Diese Vorstellungen haben ihre Wurzeln in Westafrika, namentlich in Bénin, das als eigentliche Wiege der Vodún-Kulte gilt. In den Kolonien der Neuen Welt vermischte sich der von den Sklaven mitgebrachte Vodún mit der katholischen Heiligenverehrung, Elementen der europäischen Volksmagie und des Volksglaubens sowie indianischem Kräuterwissen zu einem neuen Ganzen. Besonders deutlich tritt dies im Vodou Haitis und im Louisiana Voodoo Hoodoo zutage, wo die ursprünglich afrikanischen Spirits in den verschiedenen Darstellungen der Muttergottes sowie der Heiligen der Katholischen Kirche verehrt werden.

In Louisiana entstand aus dem westafrikanischen Vodún beziehungsweise dem französischen Vodou das anglisierte Voodoo Hoodoo. Der Zusatz Hoodoo stammt aus dem Amerikanischen was so viel heißt wie »behext«, »verhext« oder »magische Praktik«.

Voodoo kennt nur einen einzigen Gott, der in der ehemaligen französischen Kolonie Louisiana Bondyè (von französisch »bon dieu«, guter Gott) genannt wird. Dieses mächtige Wesen, das die Welt erschaffen hat, ist weit weg von den Lebenden. Umso präsenter sind die Spirits. Das sind vergöttlichte Geistwesen, die zwischen Bondyè und den Lebenden nicht nur als Vermittler wirken, sondern direkt in das tägliche Leben der Menschen eingreifen.

Das French Quarter

Geistiges Zentrum des Louisiana Voodoo Hoodoo ist New Orleans, dessen historischer Kern, das French Quarter, oder – wenn wir den alten Namen verwenden – das Vieux Carré, ein beliebtes Touristenziel ist. Begrenzt wird es im Südosten vom Mississippi und gegen Nordwesten von der North Rampart Street.

Im Vieux Carré kommt der Besucher auf Schritt und Tritt mit Louisiana Voodoo Hoodoo

Leidfaden, Heft 2 / 2023, S. 36–42, ISSN 2192-1202, © 2023 Vandenhoeck & Ruprecht

in Kontakt, zumindest mit dem, was ihm in den vielen Andenkenläden als echter Voodoo Hoodoo verkauft wird. Allgegenwärtig sind die Voodoo-Puppen, die es in allen Größen gibt. Eine Puppe kostet ein paar Dollars, die Nadel, mit der man in sie stechen muss, um den Zauber zu aktivieren, ist im Preis inbegriffen. Gekleidet sind die Voodoo-Puppen in verschiedenfarbige Stoffe. Rot symbolisiert Liebe, Schwarz steht für schwarze Magie und Grün für Geldzauber.

Am Jackson Square

Ob allein oder geführt: Ein Rundgang durch das French Quarter beginnt fast immer beim Jackson Square, einem kleinen Park zwischen dem Mississippi River und der die Stadtfront zum Fluss hin dominierenden St Louis Cathedral. Zwischen der Kathedrale und dem Jackson Square verläuft die Chartres Street, die zu einem verkehrsfreien Platz mit Bänken erweitert wurde. Den ganzen Tag über spielen hier lose zusammengewürfelte Jazzbands. Wer mit den Musikern ins Gespräch kommt, erfährt, dass der Ursprung des Old Time Jazz auf die sonntäglichen Zusammenkünfte der Sklaven oben am Congo Square zurückgeht. Nur an Sonntagnachmittagen war es ihnen erlaubt, sich zu treffen, und auch nur an diesem einen Ort, der heute Teil des Louis-Armstrong-Parks ist. Dort wurde getrommelt und zu den Klängen der Banzas (eine Art Banjo) getanzt.

Bereits um 1820 zogen die sonntäglichen Voodoo-Rituale Reisende und weiße Bewohner und Bewohnerinnen aus der Stadt und ihrer Umgebung an. Was aber die wenigsten wussten oder höchstens erahnten: Die Rhythmen der Bamboulas, das sind den Congas ähnliche Trommeln, waren nicht zufällig gewählt, sondern mit ihnen wurden ganz bestimmte Voodoo-Spirits angerufen und beschworen. Und wenn Tänzerinnen und Tänzer in Trance fielen, dann geschah dies nicht nur der Musik wegen, sondern auch, weil sie von bestimmten Spirits besessen wurden. Wer am Jackson Square genau hinhört, kann in einzelnen Sequenzen des Old Time Jazz noch immer die Magie der traditionellen Voodoo-Rhythmen heraussspüren, welche die Ahnen der heutigen Afroamerikaner und Afroamerikanerinnen aus ihrer Heimat mitbrachten.

Vom Jackson Square zur Bourbon Street

Um zur Bourbon Street zu gelangen, geht man von Jackson Square aus in die Pirate's Alley. Das ist die schmale, nach Nordwesten führende Gasse unmittelbar links von der St Louis Cathedral. Auch ohne auf die Straßennamen zu achten hört man bald, dass es zur Bourbon Street nicht mehr weit ist, denn der mitten durch das French Quarter verlaufende Boulevard ist die Vergnügungsmeile der Stadt. Bars, Musiklokale und Hotels wechseln sich ab mit Curio Shops, in denen all jene Dinge angeboten werden, die man für Voodoo-Rituale benötigt oder zu benötigen glaubt.

In Geschäften wie »Reverend Zombie's House Of Voodoo« in der St Peter Street findet man nebst Statuen, Voodoo-Parfums, Kräutern und anderen Dingen auch Ketten aus farbigen Plastikperlen, die Mardi Gras Beads genannt werden. Praktikerinnen und Praktiker legen sie auf die Voodoo-Altäre.

Reverend Zombie's House Of Voodoo in der St Peter Street. In diesem Curio Shop unweit der Bourbon Street findet man alles, was man für ein Voodoo-Ritual braucht.

Die Ketten sind jedoch keine Geschenke an die Spirits, sondern sie versinnbildlichen ein Anliegen. Gleichzeitig drücken sie das Vertrauen des Bittstellers in die höheren Mächte aus. In Frage kommen vorab Ketten in den Farben Violett, Gold und Grün. Violett steht für den Wunsch nach Gerechtigkeit in einer bestimmten Angelegenheit. Gold bedeutet Stärke. Mit einer goldfarbenen Kette bekräftigt man sein Anliegen, von einem Voodoo-Spirit mit jener Kraft erfüllt zu werden, die man braucht, um eine schwierige Lebenssituation zu meistern oder Heilung von einer Krankheit zu erlangen. Grün ist die Farbe des Glaubens und der Hoffnung. Damit ist der Glaube an die Einflussnahme der Spirits gemeint, mit deren Hilfe der Bittsteller oder die Bittstellerin eine bestimmte Situation lösen oder Heilung erfahren kann.

Die North Rampart Street

Den ursprünglichen Voodoo findet man jedoch nicht in den meist von Angloamerikanern geführten Souvenirläden im Zentrum des Vieux Carré, sondern rund um die North Rampart Street. Dort steht der »New Orleans Voodoo Spiritual Temple« der Voodoo-Priesterin Miriam Chamani, die seit dem Tod ihres Mannes Oswan als Miriam Williams weit über Louisiana hinaus Bekanntheit erlangt hat. Überquert man die North Rampart Street kommt man zur Kirche Our Lady of Guadalupe. Darin befindet sich Amerikas bedeutendste Verehrungsstätte des heiligen Judas Thaddäus. Rechts vom Eingang steht eine überlebensgroße Statue des heiligen Expédite. Beide Heilige haben im Voodoo Hoodoo eine wichtige Funktion. Der heilige Judas wird vor allem in aussichtslosen Anliegen um Beistand angerufen. Im Bild des heiligen Expédite verehren die Voodoo-Praktiker den Voodoo Spirit Baron La Croix. Zusammen mit den Spirits Baron Samedi und Baron Cimetière wird er mit dem Friedhof assoziiert. Insbesondere gilt Baron La Croix als Wächter über den Friedhof und die darin bestatteten Toten.

Von der Kirche aus zu sehen ist die weiß getünchte Mauer des St Louis Cemetery No. 1. Dort treffen wir Priestess Severina, die mit vollem Namen Reverend Severina Karuna Mayi Singh heißt. Sie zählt zu den bekanntesten und bedeutendsten Voodoo Hoodoo-Priesterinnen von New Orleans. Am Mausoleum von Marie Laveau, der ersten und bekanntesten Voodoo Queen New Orleans, die im Louisiana Voodoo Hoodoo den Status eines Spirits hat, wird sie mit uns ein Reinigungsritual durchführen.

Priestess Severina

Mit dem Ritual wird Severina jene Spirits anrufen und ehren, die im Leben der Voodoo Queen eine zentrale Rolle spielten. Zugleich erfahren wir als Lebende eine spirituelle Reinigung und Neu-

Farbdruck des heiligen Expédite, erworben in einem Curio Shop. In der Gestalt des Heiligen wird Baron La Croix verehrt. Er ist einer der Wächter über den Friedhof und die darin bestatteten Toten.

ausrichtung der Seele, die durch die verschiedenen Aspekte der angerufenen Spirits ausgelöst wird. Im Mittelpunkt stehen dabei: Loslassen von Altem, Hinwendung zum Spirituellen durch die Verbindung mit den Spirits sowie die Förderung der Offenheit und persönlichen Bereitschaft für Neues. Zugleich wirkt ein Voodoo-Reinigungsritual ausgleichend auf die Seele. Es festigt das innere Gleichgewicht und verstärkt dadurch die Abwehrkräfte des Menschen gegen Krankheiten und Schadenzauber.

Vor dem Betreten des Friedhofs klopft Severina drei Mal an die Pforte. Sie ruft Oyá an, der weibliche Aspekt des für das Wetter zuständigen Spirits Changó. Oyá ist die Gottheit des Windes, der Hurrikane und Tornados und Inbegriff der weiblichen Kraft. Sie hat Macht über die Blitze, die nachts den Himmel erhellen, und sie ist zuständig für Fruchtbarkeit, Feuer und Magie. Oyá ist zudem die Göttin des Wechsels aller Dinge. Mit ihrer Machete setzt sie der Stagnation ein Ende. Mit Oyá tritt der Mensch in Verbindung, wenn Festgefahrenes in Bewegung geraten soll. Insofern ist sie die Bereiterin der Grundlagen für neue Lebensabschnitte. Im Voodoo von New Orleans unterstehen ihr zudem die Tore zum Friedhof, die sie nach eigenem Ermessen öffnet oder schließt und damit über Leben und Tod und im übertragenen Sinne über Ende und Neuanfang entscheidet. Ihre Festtage sind der 2. und der 9. Februar. Als Wochentag zugeordnet ist ihr der Freitag.

Am Grab von Marie Laveau

Marie Laveaus letzte Ruhestätte kann man nicht verfehlen. Schon von weitem zu sehen sind die Andreaskreuze, die von Besuchern auf dem Grabmal angebracht wurden. Am Boden liegen Opfergaben, wie sie in fast allen Voodoo Hoodoo-Ritualen verwendet werden: Mardi Gras Beads, angebrochene Rum- und Whiskeyflaschen, Früchte, Zigaretten, Münzen, Blumen und Modeschmuck.

Grabmal von Marie Laveau, ihrer Tochter sowie weiterer Familienangehöriger.

Ritualgegenstände und Opfergaben am Grab von Marie Laveau: Whiskey, Rum, Mardi Gras Beads und verschiedene Kräuter. Die rote Zwiebel rechts ist für den nur in New Orleans verehrten Spirit Annie Christmas bestimmt.

Marie Laveau (um 1794–1881). Erste und bekannteste Voodoo Queen New Orleans. Sie wird wie ein Spirit verehrt und vor allem in Liebesangelegenheiten angerufen. Gemälde im Historic Voodoo Museum in der Dumaine Street, New Orleans.

Der Legende nach soll Marie Laveau um 1794 im French Quarter von New Orleans geboren worden sein. Eine andere Überlieferung verlegt ihren Geburtsort nach Sainte Domingue, dem heutigen Haiti. Sie besagt, Marie Laveau sei dort als Kind eines weißen Plantagenbesitzers und einer schwarzen Sklavin zur Welt gekommen. Wie es sich wirklich verhält, ist durch die Taufbücher in der St Louis Cathedral belegt. Demnach ist Marie Laveau am 16. September 1801 von Père Antonio de Sedella, genannt Père Antoinne, im Alter von sechs Tagen, getauft worden.

Bekannt war Marie Laveau zu Lebzeiten vor allem wegen ihres vermittelnden Geschicks in Liebensangelegenheiten, ihrer Rezepte, der Anleitungen für Liebeszauber und ihrer Voodoo-Rituale hinter verschlossenen Türen, die sie für eine handverlesene Kundschaft in ihrem Haus an der St Ann Street im Vieux Carré durchführte. Sie verstarb am 16. Juni 1881 in New Orleans.

Vorbereitungen zum Ritual

Als Erstes umkreist Severina im Gegenuhrzeigersinn das Mausoleum mit Räucherwerk, um den Ort von negativen Kräften zu befreien. Dann zündet sie eine durch Glas geschützte Kerze an, die sieben Tage lang ununterbrochen brennt. Danach werden für die verschiedenen Spirits Opfergaben hingelegt. Die rote Zwiebel ist für den nur in New Orleans verehrten Spirit Annie Christmas bestimmt, der zuweilen als weiblicher Aspekt des Spirits Ogún bezeichnet wird, mit dem er vieles gemeinsam hat. Aus dem Korb nimmt sie nun einen roten Apfel und legt ihn zur Zwiebel. Dies tut sie in Erinnerung daran, dass Marie Laveau eine Priesterin von Changó war. Changó ist die mit den Sklaven und Sklavinnen nach New Orleans gekommene Yoruba-Gottheit des Blitzes, des Donners, des Tanzes und allgemein der Kraft. Die ihm zugewiesenen Farben sind Rot und Weiß.

Mit der gelblichen Orange wird der Spirit Oshun geehrt, denn die Oshun zugewiesene Farbe ist gelb. In der Mythologie des westafrikanischen Volkes der Yoruba ist Oshun das Geistwesen, das für Liebe, Intimität, Schönheit und Reichtum zuständig ist, Dinge also, die auch im Leben von Marie Laveau eine zentrale Rolle spielten. Die weißen Muscheln im kleinen Körbchen, das Severina nun hinstellt, findet man in großer Zahl am Ufer des Mississippi. Sie beziehen sich auf das Geistwesen Yemayá, ein sehr mitfühlender und gnädiger weiblicher Spirit. Yemayá ist die Mutter der sieben Meere, Schöpfungsgottheit

Priestess Severina bei den Vorbereitungen zu einem Reinigungsritual. Die Opferkerze, die sie am Grab von Marie Laveau entzündet, brennt sieben Tage.

und als solche bei den Yoruba Westafrikas zuständig für Fruchtbarkeit und Mutterschaft. Im Voodoo Hoodoo von New Orleans wird sie mit dem Mond, den Ozeanen und weiblichen Mysterien in Zusammenhang gebracht. Sie ist zuständig für alles Weibliche wie Empfängnis, Mutterschaft, Schutz der Kinder, Liebe und Heilung. Sie wird mit Salzwasser, Muscheln, Träumen, altem Wissen und dem kollektiven Unterbewusstsein assoziiert.

Die Mardi Gras Beads, die sich ebenfalls im Körbchen befinden und deren Bedeutung wir bereits kennen, sind Opfergaben für Papa Legba. In den Voodoo-Ritualen wird er vor allen anderen Spirits angerufen, denn er ist der Hüter der Wegkreuzungen, Türöffner und Wegbereiter zur Geisterwelt. Nur über ihn ist es möglich mit den Wesen der jenseitigen Welt zu kommunizieren. Am Ende eines jeden Rituals wird Legba auch als Letzter wieder verabschiedet. Insofern spielt Papa Legba in allen Ritualen eine zentrale Rolle.

Im Voodoo Hoodoo von New Orleans wird Papa Legba vor allem im Bild des heiligen Petrus verehrt. Wie Papa Legba ist Petrus der Torwächter zum Himmel und damit Hüter des Zugangs zu den jenseitigen Welten. Dies ergibt sich nicht nur aus den Funktionen von Papa Legba und Petrus, die in vielen Teilen identisch sind, sondern auch aus der Darstellung: Der heilige Petrus hält in der einen Hand zwei Schlüssel, mit denen er nach dem katholischen Volksglauben die Himmelstüren öffnet und wieder schließt.

Die letzte Opfergabe, die Severina hinlegt, ist zugleich ein Ritualgegenstand. Es ist ein frisch geschnittener Holunderzweig, mit dem die spirituelle Reinigung durchgeführt wird. Bestimmt ist der Zweig für Obatalá. Obatalá ist der oberste Spirit im Pantheon der Yoruba.

Das Ritual

Nachdem alle anzurufenden Spirits mit Opfergaben günstig gestimmt worden sind, zündet Severina die Zigarillos an, die sie für uns mitgebracht hat. Tabakrauch reinigt, schützt und heiligt zugleich Dinge und Rituale. Als Nächstes entnimmt die Priesterin ihrem Korb eine kleine Flasche Rum. In Voodoo-Ritualen ist Alkohol nicht nur Opfergabe, sondern er dient auch der spirituellen Reinigung eines Ortes. Zugleich schützt er, wenn er ausgespien wird, vor bösen Mächten. Um uns gegen Angriffe von negativ gesinnten Geistwesen zu schützen, die durch die Opfergaben angelockt werden könnten, umkreist Severina erneut das Grab und speit den Rum vom Grab weg in alle Richtungen. Die fast leere Flasche stellt sie zu den übrigen Opfergaben. In einer anderen Flasche reicht sie uns »Mint Julep«. Das ist ein in den Südstaaten beliebtes Getränk aus Minze, Whiskey, Zuckersirup und Eiswürfeln. Die noch immer brennende Zigarillo in der einen und das Gläschen Mint Julep in der anderen Hand warten wir, bis die Spirits und der Geist Marie Laveaus ihre Teile bekommen haben – und trinken es dann in einem Zug aus.

Das Lavendelwasser, das Severina jetzt großzügig aus einer Flasche versprüht, soll die Seele von Marie Laveau erfreuen. Dazu singt sie zu Ehren der Voodoo Queen, der Spirits und der Ahnen ein Lied. Es stammt vom Musiker Exuma, der mit bürgerlichem Namen McFarlane Anthony McKay hieß und 1997 in Nassau auf den Bahamas verstarb.

Immer noch rauchend wendet sie sich uns zu und streift mit dem Holunderzweig alles Negative von unseren Körpern ab. Die rituelle Reinigung mit dem Holunderzweig beginnt am Kopf. Von dort fährt sie mit dem Zweig von oben nach unten über den Körper und beginnt danach immer wieder von Neuem, bis alle Teile des Körpers mit den Blättern in Berührung gekommen sind. Zum Schluss heißt sie uns einen Schritt vorzutreten. Dann wischt sie das abgestreifte Böse vom Boden weg auf den Kiesweg, der zwischen den Grabmälern verläuft.

Wir verharren noch eine Weile still am Grab, legen unsere aus Europa mitgebrachten Opfergaben hin und entfernen uns auf dem Weg, den wir vor einer knappen Stunde gekommen waren. In einem Voodoo-Tempel oder draußen in den von Bayous durchzogenen Swamps würde das Ritual jedoch mit einer jener Trommelsequenzen abgeschlossen, die man zuweilen aus Jazz-Rhythmen heraushören kann. Und in der freien Natur oder in einem Tempel wäre meist auch eine Schlange dabei, die den Voodoo-Spirit Li Grand Zombi repräsentiert.

Beim Verlassen des Friedhofs wirft Severina neun Pennys (One-Cent-Münzen) über die Schulter und geht durch das Tor, ohne sich nochmals umzuschauen. Die neun Pennys sind für Oyá bestimmt und Zeichen des Dankes, dass sie uns im übertragenen Sinne zum Geist von Marie Laveau die Tore öffnete. Zum Schluss rufen wir drei Mal unsere Namen, um sicherzustellen, dass keines der Geistwesen unsere Namen gestohlen hat, denn dann würde zwischen uns und den Totengeistern auf dem Friedhof eine unsichtbare magische Verbindung entstehen. Es heißt, die Geister könnten mit dem gestohlenen Namen Zauberwerk betreiben, das Krankheiten auslösen oder gar den Tod bewirken könnte. Und um Ersteres möglichst zu verhindern und Letzteres hinauszuzögern, sind wir schließlich hergekommen.

Kurt Lussi ist Referent und Buchautor. Bis 2018 war er am Historischen Museum Luzern als Wissenschaftlicher Mitarbeiter zuständig für Religion, Magie, Volksglaube und Volksmedizin. Die in diesem Zusammenhang unternommenen Reisen führten ihn zu den Luo am Nordostufer des Viktoriasees, zu den Massai im südlichen Kajiado District (Kenia) und zuletzt zu verschiedenen Voodoo-Priestern und -Priesterinnen im Raum New Orleans. Kontakt: info@kurtlussi.ch

Literatur

Lussi, K. (2019). Mythisches, Magisches, Makabres. Das Leben, der Tod und die Welt der Geister. Berlin/Boston.

Anmerkung

Alle Bilder sind vom Verfasser.

The Ritual Bath Pathway

Pascal Mösli und Mirjam Walser

Rituale sind eine spannende Gestaltungsform, innere Prozesse zu unterstützen. Sie vermögen, innere Welten und Konflikte als Prozesse im Außen sichtbar zu machen und zu gestalten. Wobei diese äußere Gestaltung wiederum eine Wirkung auf das innere Erleben hat.

In der Tätigkeit der Seelsorge sind Rituale eine wichtige Möglichkeit, Menschen in Krisen und Übergängen zu begleiten. Bekannt in unserem Kontext sind insbesondere christliche Rituale wie etwa der Sterbesegen, die Nottaufe oder die Krankensalbung, aber natürlich auch Rituale anderer Religionsgemeinschaften. Darüber hinaus können Rituale auch ohne traditionell-religiöse Einbettung gestaltet werden, wie im Folgenden beispielhaft dargestellt wird. In einer Burnout-Klinik in der Schweiz bietet die Seelsorge säkulare Rituale an, um die persönlichen Prozesse von Patient:innen zu fördern.

In diesem Artikel werden wir zuerst den Kontext der Rituale der Burnout-Klinik erläutern, dann ein konkretes Ritual nacherzählen und schließlich ein Konzept vorstellen, das den rituellen Prozess aus spiritueller Perspektive vertieft.

Rituale in einer Burnout-Klinik

Wenn Patient:innen der Burnout-Klinik sich für ein Ritual interessieren, stecken sie in der Regel bereits mitten in intensiven Gesprächen und Therapien. Noch vor der Suche nach einem Sinn geht es um das Aushalten von Wut, Ohnmacht und Trauer. Gerade die Trauer ist sehr oft ein wichtiger Teil des Heilungsprozesses: Trauer um die eigenen Anpassungsversuche an die Lebenssituationen, um erlittene Fremdbestimmung, um verloren geglaubte Ressourcen, Trauer um nicht erreichte Ziele und natürlich auch Trauer um Menschen.

Die vielfältigen Ursachen für die körperlichen und psychischen Reaktionen der Patient:innen werden mit Ärzt:innen und Therapeut:innen ergründet und seelsorglich begleitet. Wenn die Patient:innen einen Teil der inneren Klarheit wiedergefunden und erste Erfahrungen gemacht haben mit einer neuen Selbstwirksamkeit, geht es an die Umsetzung des neu Erlernten: Wie gehe ich mit meinen Gedanken und mit meinem Körper künftig um? Welche Strategien haben sich bewährt? Welche entdecke ich neu? Was ist mein Potenzial? Wie möchte ich in Zukunft Entscheidungen fällen? Welche Schlüsse ziehe ich aus diesen Erkenntnissen? Was nehme ich aus dieser (klinischen) Auszeit mit in meinen Alltag? Solche oder ähnliche Fragen prägen diesen Prozess. Dabei entsteht bei den Patient:innen oft der Wunsch, bekräftigende Zeichen zu setzen auf diesem neu eingeschlagenen Weg. Ein solches Zeichen kann ein Ritual sein.

Wenn eine Patientin oder ein Patient sich für ein Ritual entscheidet, beginnt ein intensiver Prozess. Aufgabe der begleitenden Seelsorge ist es, den Raum zu halten für das, was geschehen möchte. Expert:innen des Prozesses sind der Patient oder die Patientin selbst. Immer wieder ist es erstaunlich, wie unterschiedlich Rituale entstehen und wie individuell sie sind.

Damit ein Ritual nachhaltig ist, scheinen uns drei Punkte wesentlich zu sein:

Resonanz: Die (seelsorgliche) Begleiterin eines Rituals geht in Resonanz mit der Patientin im Vertrauen darauf, dass beide verbunden sind mit sich selbst und mit dem, was in ihnen und um sie herum als Geheimnis des Lebens mitschwingt.

Emotionen: Wir lernen am besten Dinge, die uns unter die Haut gehen. Nur wenn die emotionalen Zentren in unserem Gehirn aktiviert werden, bleibt das, was wir erkennen, auch wirklich hängen. In der Vorbereitung wie im Ritual selbst wird der Raum achtsam offen gehalten für Emotionen, die gefühlt werden wollen. Die Selbstwahrnehmung wird geschult.

Bilder: »Die Szenen, an die wir uns erinnern oder die wir uns vorstellen, sind für das Gehirn real« (Benson 1997, S. 96). Ein Ritual verbindet äußere und innere Wirklichkeiten und erleichtert das Erinnern der Bilder besonders in Krisenzeiten.

Wurzeln spüren, den eigenen Weg gehen und wieder in Kontakt mit dem Empfinden von Glück kommen

Für die Trauer um ihre Mutter war früher weder Raum noch Zeit vorhanden. Jahre danach und mitten in der Erschöpfung holt Frau S. das Ungelebte ein. Viele Gespräche mit verschiedensten Fachkräften führten zurück mitten in die Trauer. Mit dieser Trauer kommt Frau S. zu mir, ihrer Seelsorgerin (Mirjam Walser). Ein Brief an die Mutter zeigt, dass das Gesprochene und Geschriebene mit allen Sinnen erfahrbar werden will. Ein Ritual drängt sich auf. Der Blick zurück auf das, was war, macht deutlich, welche Aspekte und Anteile nicht gelebt wurden. So entstand ein Ungleichgewicht und da-

mit ein Gefühl von Mangel, der gefühlt und gehört werden will. Wir schenken all dem Raum in der Vorbereitung des Rituals. Frau S. begibt sich auf die Suche nach Farben, Formen, Gesten, Symbolen und Elementen, die den einzelnen Prozessen in ihr entsprechen. Ein kraftvolles Ritual gleicht einer Geburt. Ich stelle Fragen und bin ganz präsent. Aus den Gesprächen wächst ihr neues Gespür für ihr eigenes Potenzial, für ihre Ressourcen.

Und dann ist es soweit. Wir machen uns still auf den Weg. Dieser führt uns durch den Wald bis zu einer Lichtung, wo der Bach in einen kleinen Teich fließt.

Loslassen heißt Ja sagen zu dem, was war; wissen, dass das Vergangene sich erfüllt hat. Entschieden legt Frau S. einen von ihr verfass-

ten Brief ins selbst entfachte Feuer. Ein Teil der Asche wird später ihren Garten nähren. Frau S. wäscht sich Hände und Gesicht im Bach. Dann lehnt sie sich an einen Baum, schließt die Augen und gibt sich ganz meiner geführten Meditation hin: Wurzeln spüren und dennoch den ganz eigenen Weg gehen. Mit dem Wasser aus der Klangschale löscht sie anschließend die letzten Glimmer des Feuers und streut Rosenblätter darüber.

Zurück auf halbem Weg liest sie mir ihre neuen Ressourcen vor. Diese legt sie dann in eine vorbereitete kleine Schatztruhe. Die Schatztruhe wird in ihrem Haus einen besonderen Platz bekommen. Immer sichtbar, präsent und erweiterbar: sich an das eigene Potenzial erinnern in schweren Zeiten öffnet Raum für das Glück.

The Ritual Bath Pathway

Eine Möglichkeit, rituelle Prozesse wie denjenigen von Frau S. zu verstehen, bietet das Modell des »ritual bath pathway«, das der holländische, humanistisch orientierte Seelsorger Job Smit entwickelt und an der europäischen Seelsorgekonferenz im Mai 2022 in Kreta vorgestellt hat. Das Modell erinnert in seiner Dreistufigkeit an die bekannte Struktur des Übergangsrituals, das Van Gennep bereits 1909 vorgestellt hatte. Auf Basis eines breit angelegten transkulturellen Vergleichs stellte Van Gennep fest, dass zwar Zweck und Ausformung von Übergangsriten variieren, sie jedoch eine gemeinsame Verlaufsstruktur aufweisen. Er erkennt ein Schema, das drei Hauptphasen umfasst, nämlich (1) Separation/Trennung, (2) Schwellenzustand/Übergang und (3) Inkorporation/Wiedereingliederung.

Im Modell von Smit besteht die *erste Phase* darin, dass sich die Person einer Begleitungsperson anvertraut (relational) und diese einen Prozess unterstützt, in dem die Person ein tieferes Verständnis ihres »alten Lebens«, ihrer bisherigen Situation zum Ausdruck bringen kann (hermeneu-

Pjotr Iwanowitsch Petrowitschew, Fluss im Herbst, 1926 akg-images

The Ritual Bath Pathway

Daily life — Approaching
Relational — Deepening
Hermeneutical
Spiritual — Letting Go — Spiritual
Hermeneutical
Celebrating — Daily life
Connecting — Relational

Quelle: Job Smit, 2022 (Präsentation anlässlich des European Network of Health Care Chaplaincy-Kongresses)

tical). Die Seelsorgerin unterstützt Frau S. darin, all das im Brief an ihre Mutter Ausgedrückte mit Symbolen zu verbinden. Das Ritual symbolisiert den inneren Prozess der Trauer und macht ihn sichtbar. Die Seelsorgerin anerkennt in diesem Geschehen zugleich die Bedeutsamkeit des Prozesses. Schließlich machen sie sich gemeinsam auf den Weg zu dem Ort, wo das Ritual stattfinden soll. Die *zweite Phase* nennt Smit das »letting go«. Er nennt sie die »spirituelle Phase«, weil es in ihr darum geht, nicht selbst die Veränderung herbeiführen zu wollen, sondern sich berühren zu lassen vom Prozess des Lebens, wie er sich jetzt zeigt und entfaltet. Es ist keine aktive, sondern eher eine Haltung des Empfangens, der Rezeptivität, in der sich die am Ritual Beteiligten einfinden. Frau S. und die Seelsorgerin verbinden sich mit dem Feuer und mit dem steten Fließen des Wassers. Sie tun nichts, sondern lassen sich, soweit es ihnen in diesem Augenblick möglich ist, von dem transformierenden Feuer und dem inspirierenden Wasser berühren. Danach kommt die Aktivität wieder in Gang – inspiriert von dem, was geschehen ist. Die damit einsetzende *dritte Phase* zielt auf die Integration ins alltägliche Leben, auf das Aneignen dessen, was bereits zeichenhaft im Ritual geschehen ist. Frau S. besinnt sich auf ihre neu entdeckten Ressourcen (hermeneutical), die sie der Seelsorgerin vorliest (relational) und wodurch sie sich damit öffentlich dazu bekennt. Ein erster Schritt, um das innerlich Erlebte im sozialen Leben zu integrieren, um die neue Dimension im Alltag wirken zu lassen. Im »celebrating« erfolgt der Abschluss: Die im Ritual erlebte Lebendigkeit im Alltag wird gefeiert. Hier können wieder Spuren von Glück spürbar werden.

Pascal Mösli ist Theologe und Coach. Er arbeitet als Verantwortlicher für Spezialseelsorge und Palliative Care bei den reformierten Kirchen Bern-Jura-Solothurn sowie als Mitarbeiter des Forschungsteams der Professur für Spiritual Care in Zürich.

Kontakt: contact@pascalmoesli.ch
Website: www.pascalmoesli.ch

Mirjam Walser ist Pfarrerin und arbeitet in Gesundheits-Institutionen, wo sie Menschen in den verschiedensten Lebensbereichen begleitet – auch mit Ritualen.

Kontakt: rituale@mirjamw.ch
Website: www.mirjamw.ch

Literatur

Benson, H. (1997). Heilung durch Glauben. München.
Van Gennep, A. (1909/1986). Übergangsriten (= Les rites de passage). Frankfurt a. M./New York.

Tot ohne Gott

Franz Josef Wetz

Wie soll man denn jemals dem Leben verzeihen, dass es endlich ist? Denn ohne Frage ist der Tod eine Nummer zu groß für uns Menschen! Vielen fällt es schwer, mit ihrer Sterblichkeit zurechtzukommen, die deshalb gern verdrängt wird. Im Sorgerechtsstreit um den Tod tragen seit Jahrtausenden die Religionen den Sieg davon. Mittlerweile aber haben traditionell kirchliche Glaubenspraktiken hierzulande massiv an Bedeutung verloren. Trotzdem bleiben viele Zeitgenossen und Zeitgenossinnen auf unbestimmte Weise gläubig. Obwohl immer mehr Menschen aus den Kirchen austreten, halten zahlreiche an der Idee individueller Unsterblichkeit fest. Ein kirchenferner Seelenglaube ist keineswegs eine Seltenheit. So entsteht oft ein diffuses Patchwork aus christlichen, buddhistischen und esoterischen Bildern. Mit vorfabrizierten Floskeln überredet man sich zu einer Zuversicht, in der trotz aller Distanz zu den etablierten Religionen von letzter Reise und ewigem Leben die Rede ist. Nicht wenige sagen, ihre Verstorbenen gingen nach Hause. Sie kehrten dorthin zurück, wo sie einstmals herkamen. Beim Betrachten des gestirnten Himmels weisen viele darauf hin, dass sie wohl bald »dort oben« sein werden. Der Tod sei ein Übergang in angstfreie Räume. Selbst Ungläubige sind häufig davon überzeugt, dass es »danach noch etwas gibt«. Alte und neue Todesdeutungen stehen in der modernen Gesellschaft nebeneinander. Die Bilder reichen von bunten Himmelsdarstellungen über detaillierte Auferstehungsgeschichten bis zu wortreichen Wiedergeburtsszenarien. Hier wie sonst häufig auch ist die Hoffnung die höflichste Form der Ratlosigkeit!

Gleichwohl wächst mit hoher Geschwindigkeit die Zahl der Menschen, die weder an Gott noch an Unsterblichkeit glauben. Das Jenseits ist für große Teile der Bevölkerung nicht mehr nachvollziehbar. Doch wie werden nichtreligiöse Menschen mit dem Tod fertig? Wie bestatten sie ihre Toten (1)? Wie trauern sie um einen erlittenen Verlust (2)? Wie begegnen sie dem eigenen Tod (3)?

1. Bestattung

Da der Niedergang der Volkskirchen hierzulande unaufhaltsam voranschreitet und sich immer mehr religiöse Bindungen auflösen, ist der kirchliche Einfluss auf die Organisation von Begräbnissen rückläufig. Immer mehr Geistliche verlassen die Bühne. An deren Stelle treten häufig säkulare Grabredner und Grabrednerinnen. Bestattungsunternehmen sind mittlerweile die wichtigsten Akteure im Todestheater. Sie regeln und organisieren nahezu alles. Immer mehr Menschen legen schon zu Lebzeiten fest, wie ihre künftige Bestattung ablaufen soll. Die Vielfalt in der heutigen Sepulkralkultur spiegelt nicht nur den modernen Individualismus wider, der den Entscheidungs- und Handlungsspielraum des Einzelnen bis in den postmortalen Bereich ausdehnt, sondern auch die Erosion der traditionellen Religions- und Kirchenbindung. Nicht selten sind die neuen Trauerrituale esoterisch gefärbt.

Im digitalen Zeitalter geht auch die bisherige Rolle von Friedhöfen als Orte der Trauer und Erinnerung nachgerade verloren. Früher bildeten Grabpflege und Grabbesuche eine unauflösliche Einheit. Das Internet bietet neue Möglichkeiten des Trauerns: kostenpflichtige Gedächtnisseiten, deren Freischaltung wie die traditionelle Grablege auf einige Jahre begrenzt bleibt. Auf solchen

Leidfaden, Heft 2 / 2023, S. 47–51, ISSN 2192-1202, © 2023 Vandenhoeck & Ruprecht

virtuellen Friedhöfen werden Filme, Fotos und Sprüche der Verstorbenen präsentiert, deren Lebensgeschichte erzählt und ihre Lieblingsmusik gespielt.

Nicht selten finden in religionsfernen Kreisen manchmal aufwendigere Bestattungen als in religiösen Gemeinschaften statt. Riesige Blumengestecke, vielfarbige Kränze und Grußbotschaften des Verstorbenen auf Ton- oder Filmdokumenten beschwichtigen die Hilf-, Sprach- und Ratlosigkeit der Hinterbliebenen am Grab. Solch exklusiv inszenierten Trauerfeiern stehen anonyme Abgänge in aller Stille ohne rituelles Beiwerk gegenüber. Die säkulare Bestattungskultur bewegt sich zwischen beiden Extremen. Speziell

die anonyme Urnenbeisetzung in einem Rasengrab ohne Erinnerungszeichen spiegelt die brutale Realität des Todes wider. Sie ist illusionslos. Nichts bleibt. Krasser lässt sich die Geringfügigkeit der menschlichen Existenz kaum darlegen. Allerdings wird diese Form des Verschwindens häufig gewählt, weil keine Verwandten mehr da sind oder der Verstorbene postmortal niemandem mehr zur Last fallen möchte.

Zugleich bringt dieser illusionslose Realismus aber auch eine illusionäre Verdrängung zum Ausdruck. Denn mag die anonyme Rasenbestattung nicht auf der Weigerung beruhen, sich vom Tod irritieren zu lassen, verkleinert sie ihn doch zu einer beiläufigen Angelegenheit. Aber

der Tod ist groß, wie Rainer Maria Rilke schreibt, keine belanglose Banalität. Immerhin nimmt er dem Einzelnen alles: sein Leben. Darum liegt in der Abschwächung seiner Bedeutung eine Verdrängung, woraus sich das Paradox ergibt: Indem die anonyme Rasenbestattung, abgeschnitten von den Quellen religiöser Sinnzufuhr, den Tod als unbedeutend herunterspielt und damit verdrängt, dass der Tod für uns Menschen höchst bedeutsam ist, macht sie zugleich auf zwei brutale Tatsachen aufmerksam: Die Wahrheit jeder Leiche ist deren spurloses Verschwinden und die Wahrheit allen Totengedenkens, dass der Verstorbene früher oder später in völlige Vergessenheit gerät.

2. Trauer

Hiermit können sich selbst kirchen- und religionsferne Zeitgenossen oft nur schwer anfreunden. Deshalb suchen sie in ihrer Trauer zuweilen Trost in naturesoterischen Vorstellungen. Wenn das Individuum stirbt, dann verschwindet es nicht gänzlich, sagen sie, sondern kehrt in die All-Natur zurück. Wie man einst aus Mutter Erde hervorging, so nimmt sie jeden von uns am Ende wieder in sich auf. Der Tod bedeute nicht das völlige Ende des Lebens. Dabei wird gewöhnlich außer Acht gelassen, dass die individuelle Person total verloren geht; Hauptsache, der Schrecken vor dem Tod bleibt gebannt. Da-

Ron and Joe / Shutterstock

Alte und neue Todesdeutungen stehen in der modernen Gesellschaft nebeneinander. Die Bilder reichen von bunten Himmelsdarstellungen über detaillierte Auferstehungs- geschichten bis zu wortreichen Wiedergeburtsszenarien.

gegen ist für andere der Tod nichts als ein biologisches Ereignis: das absolute Ende des Lebens.

Auch ohne religiöse oder esoterische Sinnversprechen öffnen sich zahlreiche Quellen des Trostes. Der Katalog konkreter Trostpraktiken ist nahezu unbegrenzt. Hierin finden sich ebenso kleinere wie größere Trostmittel: Musik, Lesen, Weinen, Humor, Schlaf, auch Süßigkeiten, Alkohol, einsame Wanderungen, sportliche Aktivitäten, um nur einige zu nennen. Ganz oben auf der Liste bewährter Trostmittel steht der wechselseitige Beistand. Wenn uns im beschwerlichen Alltag das Leben überfordert, dann wenden wir uns an Freunde und Verwandte. Zu deren Anteilnahme gehören besänftigende Worte, häufig auch bloß offene Ohren für tränenreichen Klagen, gemeinsame Strand- und Waldspaziergänge. Sprechen kann Knoten lösen, die ein zu langes Schweigen schnürt. Außerdem steht für Trauerbearbeitung eine ganze Reihe sozialer Hilfsdienste zur Verfügung: Grabredner, Trauerbegleiterinnen, Trauerselbsthilfegruppen und Ähnliches.

Dazu gibt es einen philosophischen Schatz tröstlicher Weisheiten. Gern wird in diesem Zusammenhang auf Epikur verwiesen, demzufolge wir den Tod nicht zu fürchten brauchen, weil, solange wir existierten, der Tod ja noch nicht da sei, und sobald der Tod eintrete, wir bereits aufgehört hätten zu leben. Alle Ratschläge laufen auf

die eine Empfehlung hinaus, sich mit dem unausweichlichen eigenen Ende oder dem unserer Nächsten abzufinden, ja auszusöhnen, weil wir es ohnehin nicht verhindern können. Allerdings weint man ja nicht, obwohl man gegen den Tod nichts unternehmen kann, sondern gerade weil man nichts gegen ihn auszurichten vermag. Darum bleibt die Wirkkraft aller Trostmittel, so beherzigenswert sie auch sind, letzten Endes begrenzt. Aber genau das definiert doch Trost: mit seiner Hilfe schwere Probleme lediglich besser aushalten, nicht jedoch lösen zu können. Trost schafft vorrangig Distanz zum unverfügbar Leidvollen und dadurch bloß eine Abmilderung, nicht aber die Beseitigung der bitteren Härten. Tröstungen ersetzen also nicht den Trennungsschmerz und die Trauerarbeit, sondern erleichtern sie lediglich. Die Nähe zum Toten, dessen Alter und der Anlass des Todes entscheiden über das Maß der Trauer, in der wir oft weniger den Toten als vielmehr uns selbst betrauern, die wir jetzt ohne ihn zurechtkommen müssen.

Hierin stimmen alle Trauermodelle überein: Am Anfang steht der Schock, eine Benommenheit. Schon bald wird die Tote vermisst. Man beklagt ihren Verlust. Ein Verlust bezeichnet das Verschwinden von etwas Wertvollem, bei dem das Verlorene schmerzhaft im Fokus der Aufmerksamkeit bleibt. Stark Trauernde sind außerstande, ihre Gedanken von der Verstorbenen oder dem Verstorbenen zu lösen. Wie grausam das klingt: »Nie mehr! Nie wieder!« Diese Vorstellung bringt leicht eine Welle trostloser Verlassenheit ins Rollen, die das Gefühl der Dankbarkeit für die gemeinsame schöne Zeit fast gänzlich überdeckt. Aber irgendwie lernt man, den Schmerz auszuhalten. Bei der Trauerarbeit löst sich nachgerade die Bindung ans Verlorene. Anfangs stehen noch Porträts des Verstorbenen auf dem Tisch, später hängen sie neben anderen Bildern an der Wand. Einige Trauernde halten Fotografien ihrer Toten nicht aus, weil sie ihnen hierdurch in ihrer Abwesenheit zu nahe kommen.

Bei Trauerarbeit ist zu unterscheiden zwischen Abschied und Abschied vom Abschied: Erst wenn man den Toten nicht mehr schmerzhaft vermisst, den man weiter freundlich in seinem Herzen bewahrt, wird man innerlich wieder frei und kann sich von neuem aufs Leben einlassen. Man hat es geschafft, den Toten loszulassen, nicht etwa um ihn zu vergessen, sondern einfach nur um weiterleben zu können. Der Abschied vom Abschied ist vollzogen.

3. Eigener Tod

Soll man sein Leben mit Gedanken ans eigene Ende beschweren oder lieber die Augen hiervor verschließen? Die Trauer um einen erlittenen Verlust macht es praktisch unmöglich, die eigene Sterblichkeit zu ignorieren. Nicht selten drängt sich nun die bange Frage auf, ob man denn eigentlich schon genug gelebt hat. Kann man sich überhaupt sattleben? Zur Einwilligung ins eigene Ende kommt es doch erst, wenn die Lebensqualität zu gering oder die Lebensqual zu groß geworden ist. In der Gegenwart behaupten auffällig viele, nur Angst vorm Sterben, aber keine Angst vorm Tod zu haben. Das ist blanker Unsinn. Wer am Leben hängt, hakt sein Leben nicht ohne weiteres ab. Der Tod ist ungeheuerlich, unsere Rückkehr ins Nichts die größte Zumutung ans Leben.

Die Kehrseite der Todesangst ist das menschliche Selbsterhaltungsstreben, also ein biologischer Mechanismus. Deshalb ist unsere Todesangst auch grundsätzlich unüberwindlich und es stellt sich seit jeher die quälende Frage, wie man mit dem eigenen Tod fertig werden kann. Alle genannten Trostmittel können bis zu einem gewissen Grad auch über den eigenen Tod hinwegtrösten, aber nur wenn sie von einer demütigen Lebensüberzeugung, dem Bewusstsein eigener Geringfügigkeit in der Welt getragen werden. Jedoch widerspricht einer solch kosmischen Bescheidenheit unser natürlicher Lebenswille. Beides – jene verständige Selbstentsagung und diese natürliche Selbstbehauptung – bleibt unvereinbar. Deshalb läuft beim lebenslangen Versuch, beide ins Gleichgewicht zu bringen, zuletzt alles auf ein Arrangement, Improvisation und Kompromiss hinaus. Aber wie wahrt man bei aller Mühe, eher auf heiter-gelassene als traurig-aufgewühlte Weise *nicht* mit dem Tod fertig zu werden, seine Würde? Was bedeutet dieses große Wort in diesem Zusammenhang überhaupt? Würde steht hier für das Ideal, anklagelos ertragen und klaglos tragen zu können, was einem an unverfügbar Leidvollem zugemutet wird, und das heißt: ohne dabei seine Haltung zu verlieren. Nur, wem gelingt dies schon jederzeit?

Prof. Dr. **Franz Josef Wetz** lehrt Philosophie und Ethik an der Pädagogischen Hochschule Schwäbisch Gmünd.
Kontakt: fjwetz@t-online.de
Website: www.franzjosefwetz.de

Literatur

Wetz, F. J. (2016). Rebellion der Selbstachtung. Gegen Demütigung. 2. Auflage. Aschaffenburg.
Wetz, F. J. (Hrsg.) (2019). Texte zur Menschenwürde. 2. Auflage. Stuttgart.
Wetz, F. J. (2021). Das Fest der gewöhnlichen Dinge. Lesekompass durch Rilkes Duineser Elegien. Aschaffenburg.
Wetz, F. J. (2021). Tot ohne Gott. Eine neue Kultur des Abschieds. 3. Auflage. Aschaffenburg.
Wetz, F. J. (2022). Tod, Trauer, Trost. Was am Ende hilft. Stuttgart.

Sterben und Trauern ohne Glauben – geht das überhaupt?

Heiner Melching

Sterben

Jedes Sterben endet mit dem Tod – und was danach kommt, weiß niemand, der noch lebt. Somit könnte man sagen, dass der Atheismus auch eine Form des Glaubens ist; nämlich der Glaube daran, dass uns nach dem Tod ein entspanntes und ein nichts von uns forderndes oder beglückendes Nichts erwartet. Diese Vorstellung scheint aber den Agnostikern vorbehalten zu sein, die sich damit begnügen können, etwas nicht zu wissen, und somit aber auch für jede jenseitige Überraschung offen sind. Als Atheist glaube ich aber etwas zu wissen – womit ich schon wieder bei einem gewissen Glauben bin. Es scheint vertrackt und auch die Berufung auf die Naturwissenschaften ist heikel, da auch diese sich immer wieder einige Irrtümer eingestehen müssen. Insbesondere die moderne Quantenphysik scheint große Freude daran zu haben, langgeglaubtes Wissen zu widerlegen. Landet man somit also zwangsläufig als höchste Stufe der Erkenntnis bei dem Satz »ich weiß, dass ich nichts weiß«, der in dieser verkürzten Form nicht ganz korrekterweise Sokrates zugeschrieben wird?

Sokrates ging es dabei ja eher um die »Weisheit« und das trügerische »vermeintliche Wissen« oder »Scheinwissen«. Weise Entscheidungen sind aber nicht dazu verdammt, sich auf Wissen berufen zu müssen, und können auch in Bereichen des Unwissbaren oder »noch nicht Wissbaren« zu guten Ergebnissen führen. Wie begegne ich als Atheist nun also der Herausforderung, mein Nichtwissen über den Tod als »Wissen« fühlen und spüren zu können? Ganz einfach: Ich beschäftige mich mit allen mir zugänglichen Glaubensvorstellungen, widerlege sie und führe sie ad absurdum. »Reductio ad absurdum« oder auch Beweis durch Widerspruch nennt man das in der Logik und in der Mathematik. Wenn ein Gott den Menschen erschaffen hat, wer hat Gott erschaffen? Wie ist das Glaubensbekenntnis mit der Evolution (die ich für beweisbar halte) zu vereinbaren? Existiert das göttliche Jenseits nur für Menschen oder für alles Lebende? In Anbetracht von ca. 6 Millionen Jahren Menschheitsgeschichte und ca. 3,5 Milliarden Jahren Leben auf der Erde, sind gut zweitausend Jahre Christentum ein ebenso winziger Fleck wie unsere Erde im Universum.

Und in Anbetracht der unzähligen verschiedenen und sich stets verändernden Glaubensvorstellungen scheint es nahezu absurd, eine dieser zumeist mündlich überlieferten Varianten als plausibel und wahrhaftig anzuerkennen. Die Existenz irgendeines Gottes ist für Atheist:innen letztlich nicht wahrscheinlicher oder unwahrscheinlicher als die des fliegenden Spaghettimonsters oder die der 72 Jungfrauen, die mich nach irgendeiner obskuren Heldentat im Paradies erwarten. Insbesondere der institutionalisierte Glaube, der Kirchen seit je her zum Machterhalt dient und der voller zweckgebundener und nachweisbarer Erfindungen (wie zum Beispiel die der Jungfräulichkeit Marias) ist, macht es Atheist:innen leicht, Glaubenskonstrukte zu widerlegen und den eigenen »Nichtglauben« als daraus resultierende Wahrheit zu empfinden. Das bedeutet aber auch, dass sich der Atheismus aus dem Glauben und dessen Widerlegbarkeit speist. Ohne Gläubige gäbe es also eventuell auch keine Atheist:innen und vielleicht gilt sogar der Um-

Leidfaden, Heft 2 / 2023, S. 52–59, ISSN 2192-1202, © 2023 Vandenhoeck & Ruprecht

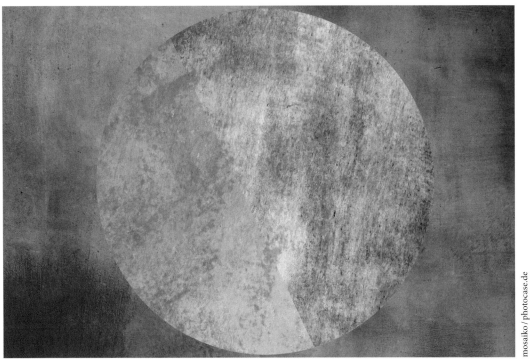

mosaiko / photocase.de

kehrschluss, was bedeuten würde, dass beide einander brauchen und somit ein Ganzes bilden. Eine solche Haltung wäre vielleicht sogar geeignet, viele Glaubenskriege zu vermeiden.

Bei der Auseinandersetzung mit dem Sterben und dem Tod stehe ich als Atheist aber vor einer besonderen Herausforderung, der kein gläubiger Mensch und auch kein Agnostiker ausgesetzt ist. Ich muss mir ein »Nichts« vorstellen, was ungleich schwieriger ist, als sich eine Ewigkeit vorstellen zu müssen. Ewigkeit wie auch ein Jenseits können einen Zustand haben – ein Nichts ist frei davon und nirgends anzuschauen oder anzufassen. In unserem Leben gibt es kein Nichts – überall ist irgendetwas – und wenn das Nichts ein Etwas ist, ist es kein Nichts mehr. Auch die Naturwissenschaften, auf die sich Atheist:innen gern berufen, machen diesbezüglich keine Angebote. Es gibt Energieerhaltungssätze, alles kann nur umgewandelt, aber nicht gänzlich aufgelöst und in ein Nichts verwandelt werden. Selbst schwarze Löcher sind voller Materie. Somit stellt sich die Frage:

Ist für gläubige Menschen das Sterben leichter?

Als ich zur Schule ging, hieß bei uns der Religionsunterricht »Biblische Geschichte« – eine literarische Sammlung, wie es Frau Schneidereit-Mauth in ihrem Artikel nennt. Das fand ich schon in der Schule sehr spanend (besonders Hiob und seine Freunde und das Alte Testament mit all dem Gemetzel) – aber der Unterricht war freiwillig, weshalb ich meistens lieber woanders war als in der Schule. Doch diese Geschichten oder diese »literarische Sammlung«, die das Gerüst nahezu jedes Glaubens bilden, sind auch voller Strategien zur Krisenbewältigung. Der Glaube macht somit auch ein Angebot zum Umgang mit Ängsten und der Unvorstellbarkeit von (Un-)Endlichkeit, Ewigkeit und einem Nichts. Glaube bietet einen Baukasten und viel Handwerkszeug, das ich mir auch als pragmatischer Atheist gelegentlich gern mal ausleihe, ohne dabei einem Glauben verfallen zu müssen. Aber Glaube ist natürlich auch geeignet, Ängste zu entwickeln oder zu befördern. Sätze wie »Der liebe Gott sieht alles« haben schon manches Kind zutiefst erschüttert und sich abends die Bettdecke über den Kopf ziehen lassen. »Dafür wirst du in der Hölle schmoren« oder die Drohung, sich vor einem Jüngsten Gericht (das eigentlich auch schon alt sein müsste) für jedes Fehlverhalten verantworten zu müssen, haben manchen nicht zum besseren, sondern zum ängstlichen Menschen werden lassen. Die von Kirchen, die sich durch einen Glauben legitimeren, auferlegten Verbote von Homosexualität und Verhütung sowie der Missbrauch von Macht und Menschen haben sicherlich ebenfalls dazu beigetragen, dass Glauben nicht immer als Geschenk des Himmels empfunden werden kann.

Um aber auf die Frage zu antworten, ob gläubige Menschen leichter sterben, ist meine Erfahrung, dass hier kein kausaler Zusammenhang besteht. Entscheidender für ein »gutes Sterben« oder »stimmiges Sterben« (was nicht zwangsläufig ein »schönes« Sterben sein muss) ist aus meiner Erfahrung, neben einer wirkungsvollen Begegnung von Symptomen aller menschlichen Dimensionen, eher der Umstand, ob ein zufrie-denstellendes Resümee aus dem gelebten Leben gezogen werden kann. Habe ich die Zeit, die mir zur Verfügung stand, gut gestaltet? Kann ich mein Leben als »gelebtes Leben« oder als halbwegs »vollendet« betrachten? Wem bin ich etwas »schuldig« geblieben und wer ist mir etwas »schuldig« geblieben? Sind meine Vorstellungen vom Tod und dem Danach für mich tragfähig? Habe ich die Möglichkeit, auch mein Lebensende nach meinen Vorstellungen zu gestalten, und habe ich dabei die Menschen an meiner Seite, die ich brauche? Das sind eher die zentralen Fragen, bei denen die Glaubensvorstellung nur einen Aspekt von vielen abbildet. Dass aber die Frage nach dem Danach, also dem Leben nach dem Tod, auch bei Atheist:innen interessante Antworten hervorbringen kann, werde ich noch an einem Beispiel in der Fortbildungseinheit dieses Hefts darstellen.

Glaube bietet aber im Sine des erwähnten Handwerkszeugs noch ein weiteres Instrumentarium, das mir für Menschen als bedeutungsvoll erscheint und besonders im Bereich der Trauer von großem Wert sein kann.

derProjektor / photocase.de

Trauer

Glaube bietet mir ein Gegenüber – auch wenn sonst niemand mehr da ist oder das Wertvollste gerade gestorben ist. Menschen sind soziale Wesen, die immer ein Gegenüber benötigen. Ernst Bloch schreibt dazu in seiner Tübinger Einleitung zur Philosophie: »Was lebt, erlebt sich noch nicht, am wenigsten in dem, das es treibt« und meint damit, dass wir auch, um uns selbst erfahren zu können, ein soziales Gegenüber brauchen. Die Begegnung mit dem Ich braucht das Du, um erleben zu können, wie mein Verhalten und wie ich als Mensch wahrgenommen werde, damit ich mich reflektieren und selbst wahrnehmen kann. Jede Selbstwahrnehmung resultiert aus verschiedenen Fremdwahrnehmungen, die natürlich im Sinne der Autonomie auch beliebig interpretiert und (miss-)verstanden werden können. Selbst wenn wir ganz allein und nur mit uns selbst beschäftigt sind, beim Denken, beim Glauben, beim Träumen, bei der Selbstbefriedigung und sogar beim Meditieren, schaffen wir uns in der Fantasie ein Gegenüber, das selbst dann, wenn ich es

Trauer ist in erster Linie eine Beziehungsarbeit. Wie kann ich die Beziehung zu einem Verstorbenen angemessen umgestalten? Wie kann ich mit der Person in Beziehung bleiben und meine Sehnsucht nach Begegnung und Dialog stillen?

als mein »innerstes Ich« bezeichne, ein Gegenüber darstellt – und somit eine Projektionsfläche bietet, ähnlich dem klassischen Psychoanalytiker, den ich im Laufe von über dreihundert Therapiestunden nur beim Reinkommen und Rausgehen gesehen habe und der in der restlichen Zeit sich für mich unsichtbar am Kopfende der Couch als Projektionsfläche für Übertragungen und alles Mögliche angeboten hat.

Denken und Fühlen ist immer dialogisch. Vor diesem Hintergrund erweist sich der Dialog mit einem »Nichts« zunächst als schwierig. Trauer ist nach meinem Verständnis in erster Linie eine Beziehungsarbeit. Wie kann ich die Beziehung zu einem Verstorbenen angemessen umgestalten? Wie kann ich mit der Person in Beziehung bleiben und meine Sehnsucht nach Begegnung und Dialog stillen? Der Philosoph Peter Sloterdijk beschreibt unsere Verstorbenen als »intime Ergänzer«[1], die wir brauchen, um ein Ganzes sein zu können. Daraus erklärt sich auch, warum die häufigen Ratschläge zum »Loslassen« wenig hilfreich sind. Es geht eben nicht um das Loslassen, sondern um das Bewahren dessen, was ein Mensch uns bedeutet und in uns (als intimer Ergänzer) hinterlassen hat. Für die trauernden Eltern und Geschwister, die ich viele Jahre begleitet habe, war es stets sehr tröstlich zu erfahren, dass es nun nicht darum geht, *ohne* das verstobene Kind weiterzuleben, sondern *mit* dem verstorbenen Kind.

Wenn ich nun aber davon ausgehe, dass nach dem Tod nichts ist – und somit auch mein verstobener Angehöriger sich in ein »Nichts« verwandelt hat, wie kann dann dieser Dialog und diese Beziehungsarbeit gestaltet werden? In meiner Vorstellung kann das auch als Atheist gelingen, indem ich den Dialog mit meinem »intimen Ergänzer«, also dem, was der Verstorbene in mir gelassen, bewegt und gestaltet hat, führe. Bei den verwaisten Eltern war häufig die Rede von der »Lebensmelodie« der Verstorbenen, die in uns weiterschwingen kann. Das ist weder religiös noch esoterisch, aber eben doch in gewissem Maße »mystisch« oder zumindest scheinbar irrational. Und hier bediene ich mich dann wieder in dem bereits erwähnten »Werkzeugkasten« des Glaubens, in dem ganz selbstverständlich die Möglichkeit liegt, mit dem Irrationalen in Beziehung zu treten.

Glaube als Befreiung vom Zwang des Rationalen

Glaube (ein Begriff, den ich hier auch als Synonym für Religiosität verwende) erlaubt etwas, was in unserer zunehmend ökonomistisch und vom rationalen Denken dominierten Welt als äußerst unpopulär und teilweise als verrückt oder nahezu unanständig gilt – etwas zu fühlen oder wahrzunehmen, das sich nicht denken oder erklären lässt. Wir wollen oder sollen alles rational erklären. Wir haben Angst, von unseren Gefühlen »übermannt« zu werden – kaum jemand hat Angst, von seinem Verstand »übermannt« zu werden, was auch tragisch sein kann. Alles soll beweisbar sein oder zumindest nach Regeln oder absurden Phasenmodellen verlaufen, in irgendeinen ICD oder anderen Code passen, beim Rauchen stellen wir uns auf Bahnsteigen in eigens dafür gekennzeichnete Vierecke und vermutlich hat auch schon irgendein Neurologe herausgefunden, welches Hirnareal beim Beten im MRT rot aufflackert. Der Werkzeugkasten des Glaubens hingegen ist ziemlich frei von diesen Zwängen und braucht keine Erklärungen oder Rechtfertigungen für die Wirksamkeit von Ritualen und Gebeten (und leider auch nicht von schädlichen Verboten). Gläubige Menschen dürfen jemanden anklagen oder anflehen, den noch kein lebender Mensch gesehen hat, sie dürfen auf etwas (rational betrachtet) Absurdes hoffen und können sich von Schuld freisprechen lassen, beichten und die Absolution erhalten (wenngleich das in der Geschichte der Religionen gelegentlich mit Kosten verbunden war). Kurzum: Es gibt Erlaubnisse, die auch im besten Sinne als eine Art Befreiung vom Zwang des Rationalen betrachtet werden können.

Beim Instrumentarium, wie zum Beispiel Rituale, das Anklagen und Flehen, kann man sich zwar auch als Atheist aus diesem »Werkzeugkoffer« bedienen, bei der gesellschaftlichen (und der eigenen) Akzeptanz wird es da aber schon schwieriger. Die Erlaubnis, zu solchen Mitteln zu greifen, scheint Gläubigen vorbehalten zu sein, weshalb nicht selten Atheist:innen zu hören bekommen, dass sie vermutlich doch auf irgendeine Weise gläubig oder zumindest spirituell sind.

Ich vermute auch, dass dieser Abschnitt für einige angenehmer zu lesen wäre, wenn ich anstelle des Begriffs des »Irrationalen« den des »Spirituellen« verwendet hätte. Dies hängt mit der verbreiteten Konnotation dieser beiden Begriffe zusammen, der ich mich nicht anschließen mag. Das Irrationale wird allgemeinhin als der Rationalität entgegengesetzt und tendenziell negativ verstanden. Ich hingegen mag neben dem Rationalen auch das Irrationale (auch die Liebe ist ja nur selten rational begründbar und muss es zum Glück auch nicht sein), oder anders formuliert stört mich die häufig angenommene Gegensätzlichkeit dieser Bereiche. Ein gutes inneres Bild hierzu hat für mich einmal ein Theologe geliefert, der nach einem öffentlichen Vortrag zum Thema »Engel« von einer Teilnehmerin gefragt wurde: »Denken Sie eigentlich, dass es Engel wirklich gibt?« Der Referent wurde daraufhin sehr still, begann lange zu überlegen, ging auf der Bühne auf und ab und antwortete dann mit den für mich wunderbaren Worten: »Ich denke nein, aber ich glaube ja«. Diese Selbstverständlichkeit, mit der er das Denken und das Glauben nicht in Konkurrenz zueinander gebracht hat, sondern beides nebeneinander stehen gelassen hat, ist für mich bis heute ein tragfähiges Konstrukt, um dem Irrationalen auch in dieser Welt einen Raum zu geben. Spiritualität bietet hier eine Möglichkeit, den scheinbaren Widerspruch von »rationalem Denken« und Glauben zu überwinden. Der Begriff der Spiritualität erweckt die Illusion, das Irrationale und Nichtverstehbare durch Formgebung und die Einbettung in einen größeren Zusammenhang erklärbarer und begreifbarer zu machen, wodurch das Irrationale in die Nähe des Rationalen transferiert und somit gesellschaftsfähig wird und uns sprachfähiger macht. Wer spirituell ist, darf glauben, ohne sich zu irgendeinem Glauben bekennen zu müssen, und darf das Rationale verlassen, ohne dafür als irrational bezeichnet zu werden.

Würde man aus beiden Wörtern das für mich Bedeutsamste zusammenfassen, entstünde der Begriff der »Nebenrationalität«, der dem Rationalen nicht widerspricht, sondern ihn ergänzt, ohne dabei im gebräuchlichen Sinne der Spiritualität auf andere Dimensionen von Raum, Zeit und Sein zu verweisen, und sich selbst somit vermutlich eher als eine Art »Überrationalität« verstehen würde.

Dennoch kann ich mit dem für mich wenig greifbaren und schwammigen Begriff der Spiritualität kaum etwas anfangen. Wenn mir jemand ein hohes Maß an »Spiritualität« zuspricht, weiß ich ehrlich gesagt noch nicht, ob ich mich einfach nur als »nicht verstanden« oder beleidigt fühlen soll. Sicher ist für mich, dass es mir, solange ich mir den Begriff der Spiritualität noch nicht ausreichend erschlossen habe und somit noch kein stimmiges Gefühl dazu finde, deutlich sympathischer erscheinen würde, wenn ich als philosophischer und nicht als spiritueller Mensch bezeichnet würde. Und gern auch als jemand, der nicht nur dem Verstand, sondern auch dem Irrationalen sehr zugeneigt ist.

Kant (1781) bezeichnete das Irrationale als einen der menschlichen Vernunft beziehungsweise dem menschlichen Verstand nicht zugänglichen Bereich der Erkenntnis. Womit es für mich aber dennoch ein Bereich der Erkenntnis bleibt. Und wer nun an die Aussage Hegels (1820/1972) denkt, der gesagt hat: »Was vernünftig ist, das ist wirklich; und was wirklich ist, das ist vernünftig«, mag annehmen, dass für Irrationales kein Platz in der vernünftigen Wirklichkeit vorhanden ist. Aber Hegel meint mit dem Irrationalen etwas dem Verstand, nicht aber der Vernunft Entgegengesetztes. Als irrational werden

Ulrike Rastin

Gerade mit Menschen anderer Glaubensvorstellungen können die Auseinandersetzung und das gemeinsame Nachdenken und Mitfühlen sowie das wahre Interesse für das Gegenüber eine Bereicherung sein.

ferner Argumentationsweisen genannt, die auf Begründung, intersubjektive Nachvollziehbarkeit oder wissenschaftliche Nachprüfbarkeit verzichten. Und genau dieser Verzicht kann etwas sehr Entlastendes oder sogar Befreiendes haben, weshalb das Irrationale einen Raum benötigt. Aus diesem Verständnis resultiert auch mein leidenschaftlicher Einsatz dafür, dass Seelsorge, auch wenn sie von qualifizierten Theolog:innen angeboten wird, ein elementares Angebot der Palliativversorgung ist, das auch auf Palliativstationen abrechnungsfähig sein sollte. Die Seelsorge eröffnet einen Raum und Zeit für das Nichtdenkbare und bietet auch für Atheist:innen ein Gegenüber, an dem sich nicht nur abgearbeitet, sondern auch sich selbst erfahren werden kann. Und auch wenn Marx die Religion als »Opium fürs Volk« bezeichnet hat, so muss man doch eingestehen, dass wir uns auch an anderen Stellen in der Palliativversorgung den Opiaten gegenüber nicht immer abgeneigt zeigen.

Glaube als Tabu

Glaubensvorstellungen sind für viele Menschen etwas sehr Intimes, über das sich nicht immer und überall leicht sprechen lässt, was vermutlich auch an dem bereits beschriebenen Scheinwiderspruch von Glauben und Denken in einer vom Rationalen dominierten Welt liegt. Mein Eindruck ist sogar, dass Glaube beziehungsweise das offene Kommunizieren darüber ein noch größeres Tabu in unserer Gesellschaft darstellt als die Themen Sterben, Tod und Trauer. Nicht selten habe ich in Weiterbildungskursen für Palliativmediziner:innen erlebt, dass fast schon, als müsste man es rechtfertigen, geäußert wurde, dass Ärzt:innen auch schon einmal mit Patient:innen gebetet haben – als sei das etwas Unanständiges oder zumindest nicht in der ärztlichen Kunst beheimatet. Und auch in meiner Arbeit mit verwaisten Eltern war es nicht selten, dass Paare, die bereits seit vielen Jahren miteinander verheiratet waren, sich nach dem Tod ihres Kindes zum al-

lerersten Mal ganz offen und tiefgreifend darüber ausgetauscht haben, was sie eigentlich glauben. Vielleicht haben viele Menschen das noch nicht einmal für sich selbst abschließend geklärt. Auch in Palliativteams liegt meiner Erfahrung nach nur selten ein Wissen darüber vor, welche Glaubens- oder Nichtglaubensvorstellung die anderen Teammitglieder in sich tragen. Und das, obwohl der Glaube für viele Menschen in der Hospiz- und Palliativbegleitung ein nicht unwesentlicher Antrieb für ihre jeweilige Arbeit zu sein scheint.

Glaube als Antrieb in der Begleitung

Ich habe im Jahr 2002 eine Umfrage bei Hospizdiensten in den alten und neuen Bundesländern durchgeführt, bei der es um Fragen nach der Bedeutung des Glaubens in der Sterbebegleitung ging. Eine Idee der anonymen Befragung war, ob die Bedeutung des Glaubens für die Hospizbegleiter:innen in den Bundesländern der ehemaligen DDR (in der zumindest die Kirchen eine andere Rolle gespielt haben als im Westen) sich von der in den alten Bundesländern unterscheidet. Aus dem Ergebnis der Befragung mit 134 Rückläufern aus den alten und 112 aus den neuen Bundesländern ließ sich diesbezüglich kein wesentlicher Unterschied feststellen. Dennoch hat diese Umfrage einige interessante Aspekte gezeigt. So haben auf die Frage »Welche Bedeutung hat der Glaube für Sie persönlich in der Sterbebegleitung?« 46 Prozent der Befragten geantwortet, dass er eine wichtige Bedeutung hat, und für 7 Prozent war es sogar die wichtigste. Bei der Frage danach, welche Bedeutung der Glaube nach Einschätzung der Begleiter:innen für die Betroffenen hat, gaben ebenfalls 46 Prozent an, dass die Bedeutung als wichtig eingeschätzt wird, während es niemand als die wichtigste bezeichnet hat. Auffällig dabei war aber, dass 80 Prozent derjenigen, die bei einer der beiden Fragen mit »eine wichtige« geantwortet haben, die andere Frage mit »eine nebensächliche« beantwortet haben. Die Teilnehmenden dieser Befragung, für die ihr eigener Glaube eine wichtige Rolle gespielt hat, hatten also die Wahrnehmung, dass die Bedeutung für ihr Gegenüber eher eine Nebensächliche war, und umgekehrt. Das deutet darauf hin, dass wir unser Gegenüber in erster Linie vor dem Hintergrund unserer eignen Werte erleben.

Angenommen man könnte die Bedeutung des Glaubens von Menschen, die wir begleiten auf einer Skala von 1 bis 10 einteilen, und jemand würde mit 5 antworten, wäre die Einschätzung von jemandem, der sich selbst bei einem Wert von 8 verortet, dass die religiöse Verankerung des Gegenübers eher gering ist, während jemand, der sich selbst bei einem Wert von 3 einordnen würde, die Bedeutung des Glaubens bei demselben Menschen eher als wichtig eingestuft werden würde. Hier zeigt sich, wie wichtig die Selbstreflexion auch beim Thema »Glauben« sein kann. Die Befragten waren bei der Mehrzahl der Begleitungen gut über die Glaubensvorstellungen der Betroffenen informiert und 64 Prozent waren der Überzeugung, dass es für Atheist:innen keine Hilfe darstellt, wenn man versucht ihnen im Rahmen der Sterbebegleitung noch den Gauben an etwas Göttliches nahezubringen. Bemerkenswert war auch, dass auf die Frage nach der eigenen Religiosität 32 Prozent keine Auskunft gegeben haben und dies zumeist damit begründet haben, dass sie diese Frage als zu indiskret empfunden haben.

Fazit

In meiner Stammkneipe aus früheren Jahren war auf der Herrentoilette an der Wand der Spruch zu lesen: »Am lieben Gott kommt keiner vorbei … außer Rudi Völler«. Auch wenn das »Vorbeikommen« am lieben Gott nicht nur der dribbelstarken Bremer Fußballlegende Rudi Völler vorbehalten ist, so halte ich doch das Thema der eigenen Glaubensvorstellung und der unseres Gegenübers in der Begleitung für nahezu unausweichlich. Die Auseinandersetzung mit dem Sterben ist immer auch eine Auseinandersetzung mit dem

Leben und auch immer mit dem Danach. Und zwar völlig unabhängig davon, ob jemand Christ, Muslimin, Buddhist, Atheistin oder irgendetwas anderes ist oder zu sein glaubt. Nach meiner Erfahrung ist dabei auch nicht entscheidend, dass Menschen in Krisensituationen ein Gegenüber angeboten bekommen, das eine ähnliche Vorstellung vertritt, sondern ein Gegenüber finden, das sich selbst mit der eigenen Glaubensvorstellung auseinandergesetzt hat und ein aufrichtiges und authentisches Gegenüber darstellt. Gerade mit Menschen anderer Glaubensvorstellungen können die Auseinandersetzung und das gemeinsame Nachdenken und Mitfühlen sowie das wahre Interesse für das Gegenüber eine Bereicherung sein. Dabei geht es dann auch nicht darum, wer am Ende »Recht« behält oder die scheinbar besseren Argumente hat, sondern um den Raum und die Sprachfähigkeit für die Dinge, die wir mit unserem menschlichen Verstand nicht erfassen können. Es geht auch nicht darum, einen Konsens zu finden, sondern darum, einen Dissens auszuhalten und unterschiedliche Vorstellungen nebeneinander als gleichberechtigt in diesem Raum stehen zu lassen.

Heiner Melching, Sozialpädagoge, ist in verschiedenen Bereichen der Trauer- und Krisenbegleitung sowie als Bestatter tätig. Er war Leiter der Beratungsstelle des Vereins Verwaiste Eltern und Geschwister Bremen e. V. und ist Geschäftsführer der Deutschen Gesellschaft für Palliativmedizin (DGP) in Berlin.
Kontakt: heiner.melchäng@palliativmedizin.de

Literatur

Bloch, E. (1963). Tübinger Einleitung in die Philosophie. Frankfurt a. M.
Hegel, G. W. F. (1820/1972). Grundlinien der Philosophie des Rechts. Naturrecht und Staatswissenschaft. Hrsg. und eingeleitet von H. Reichelt. Frankfurt a. M.
Kant, I. (1781). Kritik der reinen Vernunft. Riga.

Anmerkung

1 https://www.tagesspiegel.de/gesellschaft/panorama/verwaiste-eltern-7022635.html.

Der Weg zum Tod ist anders
Atheistisches Sterben: Braucht es Hospize für konfessionsfreie Menschen?

Katja Schröther

Hospize entsprechen dem humanistischen Selbstverständnis

Humanismus sorgt sich um das gute menschliche (Zusammen-)Leben im Hier und Jetzt, individuell wie kollektiv, und sucht selbstbestimmte Entfaltung in sozialer Verantwortung zu fördern. Und gerade in Bereichen, in denen weltanschauliche beziehungsweise religiös-spirituelle Vorstellungen an Bedeutung gewinnen können, spielen individuelle Bedürfnisse und die persönliche Wahlfreiheit eine wichtige Rolle. Dazu braucht es eine engmaschige Versorgung unterschiedlicher Anbieter_innen mit verschiedenen Ausrichtungen. In diesem Sinne setzt sich der Humanistische Verband Berlin-Brandenburg aktiv für eine offene und plurale Gesellschaft ein, in der weltanschauliche Hospize neben den religiösen Häusern ganz selbstverständlich ihren gleichberechtigten Platz haben.

Eine maximale und zugewandte Begleitung am Lebensende ist nicht allein ein christliches Privileg. Mitmenschlichkeit und Fürsorge sind ebenfalls Werte, auf denen humanistische Praxis gründet. Und auch weltanschauliche Organisationen wie der Humanistische Verband Berlin-Brandenburg begleiten Menschen »von der Geburt bis zur Bahre« mit einer entsprechenden Feierkultur und sozialen Dienstleistungen. Hospize in das Regelangebot aufzunehmen, entspricht dem humanistischen Selbstverständnis des Verbandes, sich praktisch um Menschen zu sorgen und sie nach eigenen Vorstellungen in allen Lebenslagen zu begleiten. Das gilt erst recht am Lebensende. In Hospizen wird den Sterbenden menschlich und mit viel (Pflege-)Zeit begegnet. Damit bilden sie eine sinnvolle Ergänzung zu Krankenhäusern oder Pflegeeinrichtungen und sollten der gesamten Bevölkerung zur Verfügung stehen.

Sterben im humanistischen Sinne

Es ist ein fester Bestandteil von Weltanschauungen, sich mit existenziellen Fragen auseinanderzusetzen. Im Humanismus wird der Tod klar als das Ende des einzigen und einmaligen Lebens verstanden, über das Menschen verfügen und über das hinaus keine Aussagen getroffen werden können. Der Tod wird dabei in Bezug auf das gelebte Leben gesehen, in seiner Bedeutung für die eigene Lebensführung. Humanist_innen sind davon überzeugt, dass es keinen objektiven Sinn (des Lebens) gibt, Menschen aber in der Lage sind, ihrem Leben selbst einen Sinn zu geben. Diese Individualität spiegelt sich eben in den letzten Lebenstagen wider: Die Bedürfnisse der Sterbenden im Hospiz sind sehr unterschiedlich, jede_r hat seine eigene Art, Halt und Trost zu suchen und zu finden. Ob über gemeinsames Erinnern oder philosophisches Betrachten, entscheidend ist, die jeweils eigene Art anzunehmen und bis zuletzt bei den Menschen zu bleiben, denn Humanismus ist Kommunikation über das Menschliche. Und auch wenn die Mitarbeiter_innen der Humanistischen Hospize selbst nicht aktiv teilnehmen werden, sind sie bemüht, ebenfalls spirituelle Wünsche ihrer Hospizgäste zu erfüllen – denn im Mittelpunkt unserer Hospize steht der einzelne Mensch mit seinen Bedürfnissen.

Leidfaden, Heft 2 / 2023, S. 60–63, ISSN 2192-1202, © 2023 Vandenhoeck & Ruprecht

Wie sieht das konkret in der Praxis aus? Welche Fragen stellen Sterbende, wonach sehnen sie sich und welche Bedeutung hat das Angebot weltanschaulicher Hospize? Gabriela von Oettingen ist Psychoonkologin und seit vielen Jahren im LudwigPark tätig. Nahezu täglich erlebt sie, dass Menschen sterben. Ihre Aufgabe sieht sie darin, in den Stunden davor da zu sein. Für die Betroffenen, aber eben auch für die Angehörigen.

Frau von Oettingen, was unterscheidet ein humanistisches Hospiz von christlichen Häusern?

Die Häuser unterscheiden sich maßgeblich in ihrer Philosophie, was sich deutlich in der Innenraumgestaltung zeigt. Die Pflege und Begleitung der Sterbenden geschieht in allen Hospizen mit der gleichen Zeit und Fürsorge. Ich würde aber sagen, dass das Menschenbild der Pflegenden in einem humanistischen Hospiz ein anderes ist, was sich unter anderem auch in der Sprache im Haus abbildet. Religion ist in christlichen Häusern überall sichtbar. Das kann für konfessionsfreie Menschen unangenehm sein. So, wie es rein christliche Hospizangebote gibt, muss es eben auch humanistische Hospizangebote geben.

Leider können die Bedarfe nach Hospizplätzen nicht flächendeckend bedient werden. Für die allermeisten betroffenen Menschen fällt die Entscheidung aus der Not heraus. Sie werden häufig von den Palliativstationen in Krankenhäusern ins Hospiz vermittelt, wo es dann vor allem auch um die Nähe zu den Angehörigen geht.

Außenansicht LudwigPark

Sie beschreiben eine andere Sprache und eine andere Philosophie. Wie äußert sich das im Hospizalltag sterbender Menschen?

Ich würde es so beschreiben, dass wir im LudwigPark nicht versuchen, Antworten zu finden. Es ist wichtig, Gesprächen über Angst sowie Gedanken Raum zu geben, unabhängig von der eigentlichen Pflege. Ich antworte beispielsweise auch nur auf Dinge, die ich gefragt werde. So hole ich unsere Gäste und ihre Angehörigen am besten ab. Für uns Humanist_innen spielt die Selbstbestimmung eine große Rolle. Das bedeutet, dass wir im LudwigPark Angebote für unsere Gäste und auch die Angehörigen machen, im humanistischen Selbstverständnis dann aber auch akzeptieren, wenn diese nicht angenommen oder genutzt werden. Ich stelle immer wieder fest, dass Menschen in hohem Alter eher zufrieden zurück-

blicken und dass das Lebensende und gestellte Fragen damit zu tun haben, ob die sterbende Person mit sich im Reinen ist.

Welche Fragen und Gedanken beschäftigen die Sterbenden, die Sie im LudwigPark begleiten?

Eine sehr häufige Frage ist, wie es sein wird, wenn man geht. Ich bespreche dann unterschiedliche Szenarien, aber eher auf einer physischen Ebene. Was passiert im Körper? Wie kann sich das anfühlen? Sterben ist individuell. Jeder Mensch stirbt auf seine eigene Weise.

Was gibt den Gästen im LudwigPark Trost und Halt?

In erster Linie sind offene Begegnungen wichtig. Ich gehe immer unvoreingenommen in ein Gespräch rein, suche einen Anknüpfungspunkt

© Konstantin Börner

Ich stelle immer wieder fest, dass Menschen in hohem Alter eher zufrieden zurückblicken und dass das Lebensende und gestellte Fragen damit zu tun haben, ob die sterbende Person mit sich im Reinen ist.

abseits von Krankheit. Der Respekt dem gegenüber, wer und wie die Gäste sind, ist enorm wichtig. Auch eine offene und schöne Umgebung ist Trost spendend und gibt Halt, zusammen mit zugewandtem Pflegepersonal. Die enge Zusammenarbeit mit Ärzten spielt im LudwigPark eine entscheidende Rolle. Gemeinsam unterstützen wir unsere Gäste, dass der letzte Weg so leidfrei wie möglich ist. Trost kommt aus Mitmenschlichkeit und Fachlichkeit. Und Trost ist vor allem auch für die Angehörigen wichtig.

Wie gehen Sie in Ihrem Haus mit Sterbewünschen um?

Bei unseren Gästen ist der Weg zum Sterben ein häufiges Thema. Wenn notwendig und gewünscht, schöpfen wir die palliative Unterstützung im Rahmen des Rechtlichen aus. Sterbewünschen begegnen wir immer mit offenen Gesprächen. Menschen dürfen diesen Wunsch äußern, auch wenn wir lediglich palliativ versorgen. Selbstbestimmtes Sterben hat viele Facetten. Für mich zählt im Gespräch mit den Gästen immer die realistische Einschätzung der Situation, ich zeige Verständnis und ich lenke den Fokus. Ich finde es sehr wichtig, dass möglichst wenig Angst da ist.

Was zeichnet den LudwigPark aus?

Es wird gestorben. Menschen sterben mit oder ohne einen Glauben. Wir sind ein offenes Haus für alle Menschen, die selbstbestimmt sterben. Der Weg zum Tod ist jeweils ein anderer. Und unser Team im LudwigPark gibt genau diesem individuellen Weg seine Berechtigung und allen begleitenden Gedanken den entsprechenden Raum.

Das ist der Humanistische Verband Berlin-Brandenburg

Der Humanistische Verband Berlin-Brandenburg versteht sich als Interessenvertretung religionsfreier Menschen. Als Weltanschauungsgemeinschaft ist er den Religionsgemeinschaften gleichgestellt. Humanist_innen leisten einen wichtigen Beitrag zur Humanisierung und zu sozialer Gerechtigkeit. Die dem Humanismus zugrundeliegenden Werte von Freiheit, Gleichheit und Toleranz wurzeln in der antiken griechischen Philosophie sowie der Renaissance und der Aufklärung. Die Geschichte des Humanistischen Verbandes reicht mehr als hundert Jahre, bei einzelnen Landesverbänden bis in die 1840er Jahre zurück. In Berlin organisierten sich 1905 Humanist_innen und Freidenker_innen im »Verein der Freidenker für Feuerbestattung«.

1993 gründeten Berliner Freidenker gemeinsam mit anderen freigeistigen und freireligiösen Organisationen den Humanistischen Verband Deutschlands (HVD) und ließen damit den organisierten Humanismus im wiedervereinigten Deutschland wiederaufleben. Besonders in Berlin hat sich der Verband seither zu einem wichtigen gesellschaftlichen Akteur entwickelt, der seit 2018 Körperschaftsrechte besitzt. Der Verband ist in Berlin und Brandenburg in der praktischen Lebenshilfe sowie in den Bereichen Erziehung, Bildung und Kultur aktiv. Ein Teil dessen sind Angebote rund um Vorsorge und Betreuung sowie die Beratung zu Patientenverfügungen und die Begleitung von sterbenden Menschen.

Der Verband betreibt neben seinem stationären Erwachsenenhospiz auch ein Kinderhospiz sowie drei ambulante Hospizdienste, sowohl für Erwachsene als auch für Kinder und junge Menschen.

© Die Hoffotografen

Katja Schröther ist beim Humanistischen Verband Berlin-Brandenburg tätig. Als Referentin zeichnet sie für die Öffentlichkeitsarbeit der Humanistischen Hospize sowie der Fachstelle MenschenKind und HospizKind Berlin verantwortlich.
Kontakt: k.schroether@hvd-bb.de

© Die Hoffotografen

Gabriela von Oettingen ist Psychoonkologin und begleitet Menschen mit Krebserkrankungen und im Palliativ- und Hospizbereich. Sie arbeitet ambulant und aufsuchend im Stadtgebiet Berlin und in Brandenburg.
Kontakt: g.v.oettingen@hvd-bb.de

Suchen die Menschen Trost bei Ihnen?

Andreas Schulz im Interview mit Reiner Sörries von *Leidfaden*

REINER SÖRRIES: Sehr geehrter Herr Schulz, Sie betreiben ein Bestattungsinstitut im »heidnischen« Nordosten der Republik, also in einer Gegend mit einem Anteil von Kirchenmitgliedern landesweit unter 20 Prozent. Was erwarten Nicht-Kirchenmitglieder von einer guten Bestattung?
ANDREAS SCHULZ: Die Menschen, die einen Verstorbenen bestatten müssen und zu mir kommen, wünschen sich, dass ich als Bestatter alles übernehme, ihnen alle Gänge abnehme und schließlich alles reibungslos abläuft.

REINER SÖRRIES: Wie viele Menschen wünschen dann eine Trauerfeier und warum?
ANDREAS SCHULZ: Etwa 80 Prozent. Darunter sind viele, die eine Trauerfeier ausrichten, aber manchmal auch für die anderen, »weil man das so macht«.

REINER SÖRRIES: Erwarten die Angehörigen eigentlich Trost von Ihnen?
ANDREAS SCHULZ: Nein. Zumindest nicht ausgesprochen.

REINER SÖRRIES: Ist es für Sie als Bestatter denn befriedigend, lediglich für einen reibungslosen Ablauf zu sorgen?
ANDREAS SCHULZ: Die Frage ist doch, wie definiert man einen reibungslosen Ablauf. Soll die vom Bestatter organisierte/gestaltete Bestattung perfekt sein oder ist es doch nicht vielmehr der Wunsch, dass sich alles harmonisch zusammenfügt, einschließlich der eigenen Beiträge? Und das ist doch die Herausforderung. Ich sehe meine Aufgabe darin, im Gespräch mit den Angehörigen, das durchaus mal zwei oder drei Stunden dauert, Chancen und Möglichkeiten für einen gelingenden Abschied aufzuzeigen, sie selbst in die Bestattungsfeier einzubeziehen. Nicht selten kommt dann die Frage, »Ja darf ich das?«, zum Beispiel die Ausgestaltung der Trauerdekoration, die Gruft ausheben, die Urne tragen und so weiter. Und ja – natürlich geht das. Und plötzlich sind die Angehörigen bereit mitzuwirken. Kinder, die ein Gedicht aufsagen oder einen an den Opa gerichteten Brief verlesen. Ja – das erfüllt mich dann schon mit Freude, wenn ich den Angehörigen Wege aufzeigen kann.

REINER SÖRRIES: Mitunter werden Sie auch eine kirchliche Bestattung begleiten. Unterscheidet sich die Erwartungshaltung von Kirchenmitgliedern von jenen, die nicht religiös gebunden sind?
ANDREAS SCHULZ: Überhaupt nicht. Auch religiöse Menschen wünschen zunächst lediglich, dass alles reibungslos im Sinne, wie bereits von mir eben gesagt, abläuft. Von ihnen höre ich manchmal sogar, »ach Herr Schulz, bitte nicht so viele Bibelverse«, und auch besteht der Wunsch verstärkt nach weltlicher Musik. Ähnlich wie bei den Konfessionslosen erwarten sie ein Eingehen auf das Leben des Verstorbenen.

REINER SÖRRIES: Halten Sie auch selbst die Trauerrede?
ANDREAS SCHULZ: Komplett von mir geschrieben eher selten. Dazu fehlt mir meist die Zeit. Mein Ziel ist es, die Angehörigen in alles, was ich tue, aktiv mit einzubinden, das heißt, dass ich die Angehörigen ermutige, ihre Erinnerungen an den Verstorbenen selbst zu formulieren und diese, wenn möglich, sogar selbst vorzutragen. Wenn dies nicht geht, verlese ich diese in ihrem Namen. Wenn die Angehörigen dazu nicht die Kraft ha-

Leidfaden, Heft 2 / 2023, S. 64–67, ISSN 2192-1202, © 2023 Vandenhoeck & Ruprecht

ben, empfehle ich ihnen dann einen Trauerredner oder eine Rednerin, von denen ich glaube, dass sie zu den Angehörigen passen.

REINER SÖRRIES: Wie würden Sie sagen, gehen Konfessionslose mit ihrem Verlust um? Woraus schöpfen sie Trost?

ANDREAS SCHULZ: Ich stelle mir die Frage natürlich auch. Die meisten, wenn sie einen geliebten Menschen verloren haben, erlebe ich als zutiefst hoffnungslos. Hier sehe ich meine Aufgabe darin, Hoffnung und Erinnerung zurückzugeben. Stellen Sie sich bitte vor, Herr Sörries, die Erinnerungen sind aufgefädelt wie auf einer Perlenkette – und die ist gerissen. Die einzelnen Perlen sind noch da, aber sie liegen nun irgendwie verstreut herum. Ich kann die Kette nicht wieder heil machen, aber zumindest helfen, die Erinnerungsperlen wieder zu sortieren.

REINER SÖRRIES: Und wie ist das mit der Hoffnung? Was können Sie da vermitteln?

ANDREAS SCHULZ: Alles muss darauf abzielen, ihnen die Hoffnung und das Vertrauen zu geben, dass das Leben weitergeht und lebenswert bleibt – jetzt ohne den oder die Verstorbene, aber eben mit guten Erinnerungen. Rituale, die ich entwickelt habe und anbiete, zielen genau darauf hin, den Verstorbenen würdig und liebevoll zu verabschieden, die Erinnerung an ihn zu bewahren und die ersten Schritte auf dem Weg der Trauer zu gehen.

REINER SÖRRIES: Was können Sie als Bestatter tun, um den Abschied zu gestalten, wenn die Trauernden keine religiöse Perspektive haben?

ANDREAS SCHULZ: Wie gesagt, die Gestaltung der Trauerfeier – und sei es auch nur eine Urnenbeisetzung ohne Feier – hat das Ziel, eben dieser Hoffnung Ausdruck zu geben. Die Rituale bringen die Angehörigen mit dem Verstorbenen zusammen und mit sich selbst. Die Angehörigen brauchen das Gefühl, in dieser Situation alles richtig gemacht zu haben, auch indem sie sich

selbst eingebracht haben. Und tatsächlich sind es immer mehr, die sich aktiv beteiligen. Gemeinsame Handlungen lassen immer auch eine gewisse Verbundenheit der Trauernden untereinander spüren. Diese Verbundenheit gibt den Trauernden Trost, der sie ein kleines Stück trägt.

REINER SÖRRIES: Wie geht das, wenn gar keine Trauerfeier stattfindet?

ANDREAS SCHULZ: Im Prinzip wie bei einer Trauerfeier in einer Halle oder Kirche, nur dass dort keine richtigen Kerzen leuchten können und die Dekoration viel weniger ist. Alle anderen Elemente bleiben ja gleich. Regelmäßig bieten wir auch eine Abschiednahme am offenen Sarg an. In einer kleinen Feierstunde am Sarg können sich die Angehörigen noch einmal ganz in Ruhe und in angenehmer Atmosphäre verabschieden. Es ist die Zeit der letzten Zwiesprache. Das kann in der Kirche, in der Friedhofshalle oder zu Hause stattfinden oder in unserer eigenen Trauerhalle.

REINER SÖRRIES: Machen Sie Unterschiede in Ihrem Tun, ob es sich um konfessionslose oder religiöse Angehörige handelt?

ANDREAS SCHULZ: Nein! Aber leider tun es manchmal die Pastoren, etwa wenn sie ihre Kirche oder ihre Friedhofskapelle für Konfessionslose nicht zur Verfügung stellen. Oder sie geben vor, welche Musik gespielt werden darf. Da sind manche ziemlich engherzig. Aber ich will den Stab nicht über alle brechen, da gibt es auch natürlich welche, die zuerst den Menschen sehen und ihn mit in die kirchliche Liturgie einbinden und nicht andersrum. Manchmal bestatten sie sogar einen, der aus der Kirche ausgetreten war.

REINER SÖRRIES: Sie engagieren gewiss Trauerredner*innen oder halten selbst die Trauerrede. Was erwarten die Angehörigen von einer gelungenen Trauerrede?

ANDREAS SCHULZ: In erster Linie soll das Leben des oder der Verstorbenen gewürdigt werden, das heißt, es geht vorrangig um den Lebenslauf. Die-

ser ist jedoch der Familie in der Regel bekannt. Bedeutet eine Trauerfeier nur Abschied oder doch vielmehr ein dankbares Erinnern an den Verstorbenen? Die einzelnen Lebensstationen wie Schule, den Partner kennenlernen, die berufliche Laufbahn und so weiter sind doch der Familie bekannt. Ich habe vorhin von einer Perlenkette mit den Erinnerungsperlen gesprochen. Jede schöne Erinnerung zaubert uns doch ein Lächeln auf das Gesicht und das meine ich mit einem dankbaren Erinnern, dass es den Anderen geben hat. Und diese Erinnerungsperlen zusammenzufügen, die gemeinsamen Erlebnisse wieder sichtbar zu machen, sollte Inhalt einer Trauerrede sein.

REINER SÖRRIES: Und sonst? Gibt es keine Erklärung des Todes? Ich weiß, in sozialistischen Zeiten hat man immer die Evolution bemüht, um zu sagen, Leben und Sterben sind eine konsequente Folge.

ANDREAS SCHULZ: Ja, durchaus. Es wird schon versucht in einer Trauerrede den Kreislauf vom Leben und dem Tod mit schönen Worten oder Gleichnissen einzubinden. Ich find es wichtig, dass es eine Einleitung und einen Ausklang gibt, um zu verstehen. Denn um den Tod zu verstehen, müssen wir über das Leben reden.

REINER SÖRRIES: Würden Sie sagen, dass sich Ihre Bestattungen von jenen der Konkurrenz unterscheiden – und wenn ja, wodurch?

ANDREAS SCHULZ: Hm … Natürlich machen die ihre Sache auch gut. Für uns kann ich nur sagen, dass wir bemüht sind, den Abschied zu gestalten. Ein Bespiel: Der oder die Mitarbeiter/-in, der oder die die Angehörigen betreut, tut dies von der ersten Kontaktaufnahme bis zur Rechnungsübergabe. Ja, Sie haben richtig gehört, auch das, find ich, ist wichtig, die Angehörigen nach der Trauerfeier nicht allein zulassen. So entsteht das notwendige Vertrauensverhältnis, um gemeinsam mit den Angehörigen die Abschiednahme, die Trauerfeier und die Beisetzung zu gestalten. Nur in einer solchen Atmosphäre sind eigenhändige Bemalungen oder Beschriftungen des Sarges, das Basteln von Abschiedsblumen oder Erinnerungskerzen möglich. Wir haben hier an der Küste naturgemäß viele Seebestattungen. Auch die verlaufen sehr würdevoll nach seemännischer Praxis, aber wir ermutigen die Trauernden, Papierblumen selbst zu basteln, die im Wasser aufblühen, Steine und Muscheln zu bemalen, aber auch Papierboote zu falten, die mit lieben Worten beschriftet sind. Es ist so wichtig, den Trauernden das Gefühl zu geben, etwas tun zu können. Das wirkt ihrer Hilflosigkeit entgegen.

REINER SÖRRIES: Halten Sie eine nachgehende Trauerbegleitung für sinnvoll, geboten oder ist das nicht Ihre Baustelle?

ANDREAS SCHULZ: Im Normalfall kann ich das nicht leisten – ist vielleicht auch nicht notwen-

Die Erinnerungsperlen zusammen-
zufügen, die gemeinsamen Erlebnisse
wieder sichtbar zu machen,
sollte Inhalt einer Trauerrede sein.

dig. Ich will es so sagen: Wenn die Abschiednahme gelungen ist, dann hat sie den Weg für eine gelingende Trauerphase eröffnet. Dann kommen die Menschen eigentlich gut selbst zurecht. Freilich gibt es Ausnahmen, und weil ich die Ausbildung zum Trauerbegleiter gemacht habe, begleite ich Menschen in besonderen Fällen. Manchmal beginnt meine Arbeit schon beim Sterbeprozess, also bevor der Tod eingetreten ist. Aber wie gesagt, das ist eher selten.

Andreas Schulz hat nach Abschluss einer Schlosserausbildung, einer siebenjährigen Militärlaufbahn und kurzer Sägewerkstätigkeit für 17 Jahre in leitender Stellung im Baustoffhandel gearbeitet. 2008 hat er sich mit der Übernahme eines Bestattungshauses in Güstrow selbstständig gemacht. Er hat eine zweijährige Ausbildung zum Trauerbegleiter gemacht. Seit 2012 betreibt er das Bestattungsinstitut Rausch Bestattungen in Wolgast und Koserow (Usedom).

Kontakt: rausch-koserow@t-online.de
Website: https://rausch-bestattungen.de

REINER SÖRRIES: Eine Frage zum Schluss. Sie erleben die konfessionslosen Trauernden. Haben Sie den Eindruck, dass deren Himmel wirklich leer ist, oder schwingt da doch eine vage Jenseitshoffnung mit?

ANDREAS SCHULZ: Ja, auf jeden Fall! Mit wenigen Ausnahmen glauben wir alle an einen Himmel. Es ist nicht der Glaube an eine Auferstehung im christlichen Sinn oder die Hoffnung auf ein Wiedersehen, aber dass da nichts ist, das glauben die wenigsten. Vorstellungen von der ewigen Seele begegne ich häufig. Briefe oder Worte, die an den Verstorbenen gerichtet sind, oder Zwiegespräche am Grab sprechen doch eine deutliche Sprache. Echte Hardcore-Atheisten sind wirklich die Ausnahme.

REINER SÖRRIES: Danke, Herr Schulz, für dieses Gespräch und Ihre Zeit.

Dr. **Reiner Sörries,** Theologe, ist apl. Professor für Christliche Archäologie und Kunstgeschichte am Fachbereich Theologie der Universität Erlangen und war bis 2015 Direktor des Museums für Sepulkralkultur in Kassel.

Kontakt: soerries@web.de

Die säkulare Bestattung – einige Überlegungen

Jane Redlin

Eine persönliche Erfahrung

In diesem Sommer ist die Mutter einer Freundin gestorben, lange bettlägerig, hochbetagt. Als ich die Nachricht erhielt, dass sich die Familie jetzt um die Beisetzung kümmern muss, erfüllte mich Ruhe, Frieden und ein wenig »Neid«. Ich wusste, dass die Angehörigen trauern, dass es ihnen schwer ist, sich von einem geliebten Menschen zu verabschieden. Ich wusste aber auch, dass sie das in Ruhe tun können, denn es war klar, wie diese Bestattung – nämlich kirchlich – ablaufen wird. Vorgegeben von der Tradition der religiösen Gemeinschaft, in der sie leben, mit kleinen, überschaubaren Räumen, die es für sie auszufüllen galt, etwa die Auswahl des persönlichen Trauerspruchs und das Motiv auf der Trauerkarte. Natürlich gab es trotzdem noch viel zu organisieren, aber das Wesentliche stand fest. Es hat die Hinterbliebenen geleitet und begleitet, ihnen Sicherheit gegeben.

Woher kam dieser Gedanke – »Ihr habt es gut!«? Aus der eigenen Erfahrung einer Beisetzung im Jahr zuvor. Es war eine säkulare Feier gewesen. Auch sie war in die Hand der Familie gegeben, die nun, unterstützt von einer durchaus umsichtigen Bestatterin, vor der Aufgabe stand, sich kreativ entfalten zu können und zu müssen: in einer emotional sehr belastenden Situation eine Form zu kreieren, die dem Verstorbenen als Individuum und den Vorstellungen der mannigfaltigen, ebenfalls sehr individuellen Hinterbliebenen genügen sollte und konnte. Keine einfache Aufgabe. Man kann sich leicht vorstellen, welche zusätzlichen emotionalen Belastungen dies mit sich brachte.

Zum Glück erfolgte die Findung der Form dieser Bestattung nicht in völlig luftleerem Raum, denn auch bei säkularen Bestattungsfeiern haben sich mittlerweile rituelle Grundstrukturen etabliert.

Wege der säkularen Bestattungsfeiern – ein wenig Geschichte

Es waren zunächst kleine, zarte Triebe, die sich gegen die über Jahrhunderte gewachsenen Traditionen geistiger und sozialer Einbindung der Menschen in religiöse Gemeinschaften durchsetzen mussten. Es ging dabei um nicht weniger als den Bruch mit der absoluten Machtbefugnis dieser Institutionen bei der rituellen Ausformung und Ausübung der Lebensübergänge – auch *rites de passage* genannt. Die Redewendung »von der Wiege bis zur Bahre« ist der sprachliche Ausdruck für diese lebensumspannende Begleitung und Anbindung an die religiösen Institutionen in ihrer mannigfaltigen Gestalt.

Diese lebensumfassende Einbindung zu lockern und schließlich zu lösen war das Ergebnis einer Reihe einschneidender gesellschaftlicher Veränderungen. Hier ist zum Beispiel der verstärkte Ausbau der kommunalen Verwaltung seit dem Ende des 18. Jahrhunderts zu nennen, der zur Einrichtung kommunaler, also nichtkonfessioneller Friedhöfe und zur Kommunalisierung beziehungsweise Privatisierung des Bestattungswesens führte. Dabei spielte der Einfluss der Französischen Revolution ebenso eine Rolle wie die neuen Gedanken der Aufklärung, die zwischen 1750 und 1850 das Bestattungs- und Friedhofwesen radikal wandelten.

Eine weitere treibende Kraft in Richtung Säkularisierung war die Freidenkerbewegung und ihr Kampf um die Einführung der Feuerbestattung ab Mitte des 19. Jahrhunderts. Er basierte auf neuen naturwissenschaftlichen Erkenntnissen, etwa der Bakteriologie, die in verschiedene Maßnahmen der Hygiene mündeten. Die angestrebten Veränderungen sollten die zunehmenden gesundheitlichen und räumlichen Probleme in den wachsenden Großstädten lösen, zu denen auch die ausreichende Versorgung mit Begräbnisplätzen gehörte. Die Einführung der Feuerbestattung zum Ende des 19. und Beginn des 20. Jahrhunderts, getragen vom aufgeklärten Bürgertum, war dabei zunächst nicht als antireligiöser Akt gedacht. Vielmehr waren es die religiösen Institutionen und ein großer Teil ihrer Mitglieder, die dieses Ansinnen als Angriff auf ihren Machtbereich und ihre Traditionen empfanden.

Für die proletarische Freidenkerbewegung, die Sozialdemokratie, später auch die kommunistische und die nationalsozialistische Bewegung war die Loslösung von religiösen Bindungen hingegen ein explizit formuliertes politisches Ziel. Sie entwickelten darum bewusst eigene säkulare Trauerkulturen, die ihren kritischen Positionen gegenüber den religiösen Institutionen und der Religion im Allgemeinen Gestalt gaben. Einen besonders starken Säkularisierungsschub erfuhren die Gesellschaften nach dem Zweiten Weltkrieg, vor allem in den Ländern Europas, die unter dem machtpolitischen Einfluss der damaligen Sowjetunion standen. Die Entwicklung hin zur Säkularisierung machte aber auch vor Westeuropa nicht halt. Die wachsende Realisierung von Lebenskultur außerhalb religiöser Institutionen und Traditionen fand ihren Ausdruck folgerichtig auch im Bereich der *rites de passage* und damit der Bestattungen.

Individualität versus Tradition?

Was mühsam und klein begann, ist heute ein reiches Feld voller Formen und Institutionen, die die Aufgaben übernommen haben, die zuvor ausschließlich den religiösen Institutionen oblagen. Die Bestattungsinstitute sind jetzt als Hauptträger

Gräber auf dem Friedhof der Herrnhuter Brüdergemeine

Säkulare Bestattung: Seifenblasen für den Verstorbenen

der rituellen Umsetzung und Weitergabe säkularer Bestattungskultur zu identifizieren. Ihnen hat sich eine lange Reihe weiterer professioneller Einrichtungen, Institutionen, Vereine, Gruppen und Einzelpersonen hinzugesellt. Analog beispielsweise zu den gewachsenen Kenntnissen über Trauerprozesse gibt es heute spezialisierte professionelle Trauerberater:innen, an die sich die Menschen in ganz spezifischen Trauersituationen wenden können, oder sie können in Selbsthilfegruppen zueinanderkommen, sei es beim Verlust eines Kindes, eines Partners, manchmal auch eines geliebten Tiers. Es gibt Psycholog:innen und andere Therapeut:innen. Es gibt Menschen, die sich in der Hospizbewegung engagieren, sich um Sterbende und deren Angehörige kümmern.

Neben den professionellen Begleiter:innen rund um die Bestattung gibt es noch viele Dinge, für die man sich entscheiden kann oder für die man sich entscheiden muss. Es gibt Familiengräber, Urnengrabfelder, die anonyme Bestattung. Es gibt Waldbestattungen und Seebestattungen. Es gibt Gräber für die liebgewonnenen Tiere. Es gibt sogar Möglichkeiten, den zumindest in Deutschland noch herrschenden Friedhofzwang zu umgehen.

Darüber hinaus gibt es eine nicht überschaubare Auswahl an Särgen und Urnen sowie die Möglichkeit, diese selbst zu gestalten. Und es gibt das World Wide Web, das neue virtuelle Formen des Totengedenkens bietet.

Es gibt und gibt und gibt … Man kann am Sarg tanzen und am Grab Seifenblasen in den Himmel steigen lassen. Niemand stört sich daran, im Gegenteil. Der unbedingte Wunsch nach »Individualität« ist so stark, dass wir eben auch im Tod nicht alle gleich sein wollen.

Bei der ganzen Vielzahl von Möglichkeiten kann es einem dann ergehen wie in einem übervollen Kaufhaus. Man fühlt sich überfordert ob der unüberschaubaren Menge des Angebots, die der Markt schafft. Man käme – handelte es sich nicht um eine Beisetzung, die das verbietet – möglicherweise erschöpft und unverrichteter Dinge wieder heraus. Nebenbei bemerkt, dieser Tsunami an Möglichkeiten bedroht nicht nur Menschen, die eine säkulare Beisetzung vorbereiten müssen. Sie jedoch vor allem.

Glücklicherweise haben sich – wie gesagt – bei den säkularen Bestattungsritualen mittlerweile zumindest rituelle Grundmuster etabliert. Sie lesen sich, um es sehr verkürzt zu formulieren, als eine Übernahme protestantischer Ritualstrukturen durch Reduktion religiöser Formate, die nicht transformierbar waren – etwa das Lesen von Bibelzitaten, das Sprechen von Gebeten und der Gemeindegesang. Die groben Abläufe einer säkularen Bestattungsfeier sind den Teilnehmer:innen inzwischen im Wesentlichen auch bekannt. Sie folgen nicht mehr – wie noch in den Anfängen – unsicher den Anweisungen des Bestatters oder des Friedhofpersonals. Heute kennt man die Abfolge aus vorherigem Erleben: Musik, Trauerrede oder/und kleine persönliche Erinnerungsberichte, Musik, der Gang zum Grab, Erdwurf, Kondolenz. Die Rede bildet das Zentrum der Feier. Die Musik rahmt sie.

Weniger könnte mehr sein

Dazwischen allerdings gibt es jede Menge Gestaltungsraum und Gestaltungsanspruch. Der im Zuge der Säkularisierung vollzogene Traditionsbruch lässt dies im besonderen Maße zu. Das Paradigma der Bedeutung und Entfaltung des

Der weltliche Trauerredner im Anzug, nicht im Talar

Einzelnen, vor allem in den westlichen Gesellschaften, verlangt es geradezu. Die Trauerfeier, insbesondere die weltliche, soll eben die Einmaligkeit der Persönlichkeit des oder der Verstorbenen abbilden – die Essenz seines beziehungsweise ihres gelebten und nun beendeten Lebens. Dieser Anspruch fordert die Hinterbliebenen auf besondere Weise heraus.

Man könnte sagen: wunderbar, gut so! – gäbe es da nicht die eigentliche, sollte ich sagen: ursprüngliche Funktion von Ritualen bei Lebensübergängen. Ihre Aufgabe ist es, denen, die sich aus einer sicheren Situation herausbegeben oder herauskatapultiert werden, emotional zu stützen. Halt zu geben auf unsicherem, instabilem Terrain – durch Vertrautes und Überschaubares.

Für mich stellt sich darum die dringende Frage, ob das bei so viel Gestaltungsmöglichkeiten, Gestaltungsdruck und Gestaltungsanspruch wirklich noch der Fall ist. Diese Frage ist umso drängender, als die Familienstrukturen ihrerseits zunehmend komplexer geworden sind – Stichwort Patchworkfamilie.

Wer entscheidet im Todesfall also darüber, was die passende individuelle Form für den Verstorbenen ist, welche Worte ihn am besten beschreiben, welche Musik am meisten zu ihm passt? Bei säkularen Feiern steht dafür mittlerweile die ganze Musikwelt zur Verfügung. Auf dem Weg zu einer individuellen, säkularen Trauerfeier sind also eine Menge Hürden zu überwinden und Entscheidungen zu treffen. Es verlangt Aushandlungen zwischen Menschen, deren Verhältnis zueinander möglicherweise nicht unproblematisch ist.

Ach ja, und da gibt es noch den Verstorbenen, den man so bald wie möglich beisetzen möchte, um diesen schweren Schritt hinter sich zu bringen. In solch emotionalen Extremsituationen steigt die Sehnsucht nach mehr Überschaubarkeit und nach Tradition, die nicht erst verhandelt werden muss. Nach einem Ritual, das hilft, besser mit dem umzugehen, das am schwersten wiegt – die Trauer um den verlorenen Menschen, der bis dahin ein wichtiger Teil des eigenen Lebens war.

Vielleicht ist es – wie so häufig im Leben – auch im Tod der goldene Mittelweg, der am sinnvollsten wäre. Genügend Tradition, die Halt und Orientierung bietet, und dazu ein paar überschaubare Freiräume, so sie gewünscht sind. Heute könnte bei einer säkularen Bestattung und auch bei mancher religiösen möglicherweise weniger mehr sein.

Dr. **Jane Redlin** wurde an der Humboldt-Universität zu Berlin im Fach Europäische Ethnologie promoviert mit einer Arbeit zur Genese säkularer Totenrituale am Beispiel der DDR. Sie ist Kustodin und Kuratorin am Museum Europäischer Kulturen – Staatliche Museen zu Berlin und hat dort eine Vielzahl von Ausstellungen zu einem breiten Themenspektrum kuratiert. Ihre Schwerpunkte liegen im Bereich der Ritual-, Symbol- und Erinnerungskultur sowie der Emotionsgeschichte.
Kontakt: j.redlin@smb.spk-berlin.de

Literatur

Fischer, N. (2001). Geschichte des Todes in der Neuzeit. Erfurt.
Hänel, D. (2003). Bestatter im 20. Jahrhundert. Zur kulturellen Bedeutung eines tabuisierten Berufs. Münster.
Redlin, J. (2009). Säkulare Totenrituale. Totenehrung, Staatsbegräbnis und private Bestattung in der DDR. Münster.
Roland, O. (Hrsg.) (2006). Friedhof – ade? Die Bestattungskultur des 21. Jahrhunderts. Mannheim.
Sörries, R. (2016). Ein letzter Gruß. Die neue Vielfalt der Bestattungs- und Trauerkultur. Kevelaer.

Wie das Amen ohne Kirche – die gelungene freie Trauerrede

Tanja Hofmann

Was kann ich für Sie tun?

Nein, diese Frage habe ich meinem Gegenüber so noch nie gestellt. Schließlich weiß ich meist im Voraus, warum mich jemand in meiner Eigenschaft als Trauerrednerin kontaktiert. Wirklich? Was weiß ich denn tatsächlich und was glaube ich zu wissen? Alles, was meine Klientel, meine Kundschaft vereint, ist die Tatsache, dass sie vor kurzem eine*n nahe*n Angehörige*n verloren hat. Und sogar von dieser Regel gibt es Ausnahmen: Mehr als einmal wurde ich von einer noch quicklebendigen Person gebeten, ihre Trauerrede prämortal aufzusetzen. So bleibt vielleicht diese eine Gemeinsamkeit: Wer mich anruft, ist entweder akut mit Tod und Abschied konfrontiert oder bereitet sich darauf vor und will die Hoheit über die letzten Worte am Grab nicht oder noch nicht aus der Hand geben.

Die nüchternen Fakten sind oft schnell geklärt: Gewünscht wird eine Trauerfeier mit anschließender Urnenbeisetzung oder eine anonyme Bestattung, ein hochbetagter Mann ist nach längerer Krankheit verstorben, eine junge Frau hat sich das Leben genommen – in irgendeiner Form hat sich der Tod eines Familienmitgliedes bemächtigt. Zeitpunkt und Ort der Trauerfeier werden in Abstimmung mit dem Bestatter, dem Krematorium und dem Friedhof festgelegt, die Kontaktdaten der Inhaber*innen der Totenfürsorge an mich weitergeleitet. Ich soll die Trauerrede schreiben und vortragen, passende Musik auswählen oder schon bestehende Musikwünsche umsetzen und durch die Trauerfeier führen. Es geht in jedem Einzelfall um den Abschied von einem oder einer nahen Angehörigen, das letzte Fest, wie die Bestatter und Autorenkollegen Nicole Rinder und Florian Rauch es nennen. Der Mensch ist das einzige Wesen, das ein Bewusstsein für seine Sterblichkeit hat. Und er ist auch das einzige, das dieses Wissen verdrängen oder sich beizeiten damit auseinandersetzen und darauf vorbereiten kann. Wenn wir verwitwen oder verwaisen, zwingen uns die Umstände, den Tatsachen ins Auge zu sehen und mit dem Verlust, der nun mal zum Leben dazugehört wie das Amen in der Kirche, umzugehen und irgendwie mit ihm fertig zu werden. Ohne Notwendigkeit vermeiden wir das Thema

Leidfaden, Heft 2/2023, S. 72–76, ISSN 2192-1202, © 2023 Vandenhoeck & Ruprecht

lieber. Das Interesse an Bestattungsvorsorgen hat jedoch trotz aller Scheu und Vorbehalte in den letzten Jahren zugenommen. Damit verbunden stellt sich auch die Frage, wer zur gegebenen Zeit dann das letzte Wort haben soll.

»Den eignen Tod, den stirbt man nur«[1]

Tot sind immer nur die anderen, die, die wir bleiben, sind die Überlebenden. Und als solche haben wir die Aufgabe und die Freiheit, den Abschied nach unseren Wünschen zu gestalten. Die Frage, wie ein guter Abschied aussehen könnte, fordert immer eine individuelle Antwort, und sie betrifft den ganzen Menschen, sein familiäres System und sein soziales Umfeld. Also schwingt die eingangs genannte Frage »Was kann ich für Sie tun?« in meinem Inneren mit, ohne dass ich sie laut ausspreche. Wer sind diese anderen und ihre Angehörigen, meine Gesprächspartner*in-

Tal Naveh / Shutterstock

nen? In welchem Bezug stehen und standen sie zu dem oder der Verstorbenen? Welche Rollen hat er oder sie zeitlebens erfüllt oder auch nicht? Was kann ich dazu beitragen, dass die Familie mit dieser Lücke, die der Tod hinterlassen hat, leben lernt? Wie gelingt es, Ohnmacht und Sprachlosigkeit zu überwinden und den Trauerprozess als Lebensprozess mit Aufforderungscharakter zu begreifen?

Ich frage mich, warum die Kompetenz der Kirche, die über Jahrhunderte für alle wichtigen Übergänge im Leben und Sterben die passenden Rituale bereithielt, von einer wachsenden Gruppe in Frage gestellt wird. Weil ihr Angebot nicht mehr als tröstlich empfunden, nicht mehr wahrgenommen wird? Der verhältnismäßig junge Berufsstand Trauerredner*in hat Zulauf wie nie und erfährt derzeit viel mediale Aufmerksamkeit. Leute wie Carl Achleitner, Louise Brown und Gesine Palmer schreiben Blogs und Bücher über ihre Arbeit und präsentieren sich in der Zeitung, im Radio, in Talkshows und im Internet. Trauerkultur hat Hochkonjunktur, sie ist inzwischen wieder salonfähig und wandelt sich. Der Zeitgeist lässt grüßen. Trauerredner*innen springen für die Kirche in die Bresche und darüber hinaus. Sie schließen sich zusammen – der bekannteste Berufsverband ist die BATF, die Bundesarbeitsgemeinschaft Trauerfeier e. V., 1996 gegründet – und reagieren auf ein Vakuum, das sich aufgetan hat, weil die Kirche ihre eigene Moral untergräbt und dadurch an Glaubwürdigkeit verloren hat. Manchmal spielen auch negative Erfahrungen

Wie sind die Angehörigen dem Tod begegnet? Welche Erschütterung hat dies bei ihnen ausgelöst? Was ist unerledigt geblieben und muss gegebenenfalls noch zum Abschluss gebracht werden? Welche Antworten braucht es, damit das unsichtbare familiäre Mobile seine Balance wiederfinden kann?

*Eine Trauerrede muss den Bedürfnissen der Über-
lebenden gerecht werden und mit Worten ein Porträt der
Person malen, die wir aus unserer Mitte verabschieden.*

aus längst vergangenen Zeiten eine Rolle, wenn
Mitglieder der beiden großen Konfessionen sich
bei der letzten Gelegenheit, der Bestattung, von
der Institution Kirche abwenden und für eine*n
freie*n Trauerredner*in entscheiden.

Nachfrage und Angebot weltlicher Trauerreden nehmen stetig zu, auch in traditionell christ-
lich geprägten Landstrichen. Dabei fällt es schwer,
von einem Beruf im herkömmlichen Sinne zu
sprechen: Ja, es gibt sie, die haupt- oder nebenberuflich tätigen Dienstleister*innen, ein guter
Teil von ihnen hat einen geisteswissenschaftlichen
oder sozialen beruflichen Hintergrund und zusätzlich spezifische Weiterbildungen besucht. Ihre
noch vergleichsweise junge Profession ist nicht
geschützt, ein einheitliches Curriculum gibt es
nicht. Noch nicht. Ihre Qualität müssen sie in der
Praxis beweisen. Und die spricht sich so oder so
rasch herum. Lebens-, Selbst- und Berufserfah-
rung, eine gefestigte Persönlichkeit und Kern-
kompetenzen wie Gesprächsführung, Empathie,
Belastbarkeit, ein breites Allgemeinwissen und
ein selbstsicheres Auftreten sind grundlegende
Voraussetzungen für diese Tätigkeit, ein einschlä-
giges Studium ist es nicht unbedingt. Theoretisch
könnte sogar ein*e rhetorisch begabte*r Analpha-
bet*in das Zeug dazu haben. Wer nun glaubt, mit
ein paar salbungsvollen Worten schnelles Geld
zu verdienen, wird enttäuscht werden – zu viel-
schichtig und komplex ist der Auftrag in der Regel, von Ausnahmen abgesehen.

**»Wenn das Stumme mich fragt,
gibt mein Ohr ihm die Antwort«**[2]

Eine Rede kann nie besser sein als das Vorge-
spräch mit den Angehörigen. Sie sind meine
Quelle, durch sie lerne ich im Regelfall die verstorbene Person posthum erst kennen. Sie sind
auch die Adressat*innen meiner Ansprache. Im
Gespräch muss ich präsent und aufmerksam sein
und auf das achten, wofür die Familie empfäng-
lich ist. Welche Spiritualität, welche Erfahrungen
haben sie mit Verlust? Welche Jenseitsvorstellung?

Wie sind die Angehörigen dem Tod begegnet?
Welche Erschütterung hat dies bei ihnen ausgelöst? Was ist unerledigt geblieben und muss gegebenenfalls noch zum Abschluss gebracht werden?
Welche Antworten braucht es, damit das unsichtbare familiäre Mobile seine Balance wiederfinden kann? Auch diese Fragen stelle ich nicht ausdrücklich, sie sind mein Subtext. Wenn sich schon
nicht meine Fragen gleichen können, dann erst
recht nicht die Antworten. Jede Familie tickt anders, jedes Mitglied hat unter Umständen in seiner Trauer ein anderes Bedürfnis. Immer frage
ich danach, wie jemand gestorben ist, wie er oder
sie sein Leben gestaltet hat. Wer waren zuletzt die
wichtigsten Bezugspersonen? Gab es kollektive
Schicksalsschläge (Krieg, Flucht/Vertreibung …)
oder biografische Besonderheiten (Verluste, Ehe-
schließungen, Wohnortwechsel etc.)? Was war
typisch für diese Person? Wer oder was hat ihr
Leben geprägt? Wofür hat diese Person sich begeistert, in was hat sie ihre Kraft und Lebenszeit
investiert? Welche Angewohnheiten, Interessen,
Macken und Vorlieben hatte sie? Welche erfüllten
oder unerfüllten Wünsche und Träume?

In den ersten Minuten entscheidet sich, ob die
Angehörigen Vertrauen fassen und mit mir in
einen Prozess gehen. Ich bin nun Trauerbegleiterin und erhebe gleichzeitig Daten für den Output.
Nicht alles, was mir anvertraut wird, ist für frem-
de Ohren bestimmt. Ich filtere und wähle aus, las-
se erzählen und frage gezielt nach. Das Vorge-
spräch dauert meist eineinhalb bis zwei Stunden,
manchmal länger, äußerst selten kürzer. Manchmal vereinbaren wir auch einen zweiten Termin.
Während der Pandemie habe ich auch virtuelle Gespräche angeboten, ein persönliches Treffen ist mir jedoch lieber, weil ich dadurch auch
sinnliche Eindrücke bekomme, die sich über den
Bildschirm kaum vermitteln lassen. Der kreative
Prozess beginnt meist schon auf der Rückfahrt
vom Trauerhaus. Meine Hardware ist meine Mit-
schrift, die Grundlage meiner Rede. Ich vertiefe
mich in die Biografie des oder der Verstorbenen,
verdichte das Gehörte. Mein jeweiliger Zugang

ist höchst unterschiedlich, so wie die Familie, mit der ich gesprochen habe. Ich verbinde das Gesagte mit den nonverbalen Botschaften und den ausdrücklichen Aufträgen: Von »Machen Sie's kurz« bis »Bitte nicht zu persönlich« gehen die Bedürfnisse der Auftraggeber*innen weit auseinander. Manche lassen mich schmunzeln, andere machen mich nachdenklich oder auch im ersten Moment etwas ratlos, weil ich den Auftrag dahinter noch nicht entschlüsselt habe. Welche Bedürfnisse verstecken sich hinter den Worten? Nicht zu vergessen das Anliegen der Mitarbeiter*innen des Friedhofs, für die sich eine gelungene Rede auf jeden Fall in den vorgesehenen zeitlichen Ablauf einfügen muss …

»Die Wahrheit in Liebe verkünden«[3]

Eine Trauerrede ist keine umfassende Lebensbeichte, sie ist keine Seligsprechung und auch kein Jüngstes Gericht. Sie muss den Bedürfnissen der Überlebenden gerecht werden und mit Worten ein Porträt der Person malen, die wir aus unserer Mitte verabschieden. Auch wenn sich Lebensläufe oberflächlich betrachtet ähneln, so gleicht keine Existenz der anderen. Jeder Mensch ist in seiner Art der Lebensgestaltung einzigartig, prägte seine Mitmenschen und wurde von ihnen geprägt. Ausnahmslos jede*r hat etwas auf dieser Welt hinterlassen, das es herauszuarbeiten und zu würdigen gilt. Manche Aufträge sind knifflig, weil sie nicht sofort auf der Hand liegen, weil die Angehörigen noch schwer tragen an den Todesumständen oder den Ecken und Kanten der oder des Gestorbenen. Eine klare Sprache hilft, die Realität zu akzeptieren. Hilfreich sind oft auch Zitate, Metaphern und Liedtexte, die die Gefühle der Angehörigen treffend ausdrücken. Die Eckdaten im Lebenslauf haben genauso ihren Platz wie das, was der Tod für die Gemeinschaft der Überlebenden bedeutet. Und auch das ist beileibe nicht immer gleich!

Meist schaue ich mir an, in welchem historischen Kontext jemand gelebt hat, welche Strecken er oder sie im Laufe seines oder ihres Lebens zurückgelegt hat (durch Umzug, Flucht, Heirat, Beruf etc.), welche Bedeutung ihr oder sein Name hat, welche weltpolitischen Ereignisse er oder sie bezeugen kann. Manchmal finde ich einen Bezug oder auch nicht, dann suche ich weiter. Ich habe schon Trauerreden in der Ich-Form gehalten (der Witwer hatte sich ausdrücklich eine Liebeserklärung in der Ich-Form gewünscht), meine Worte einem Spielzeugelefanten in den Mund gelegt (es war *der* Gegenstand, der die Trauernden miteinander verbunden hat) oder habe mich posthum über die Musikwünsche des Verstorbenen ihm genähert. Wenn sich Angehörige den 23. Psalm, das Vaterunser oder ein anderes Gebet wünschen, baue ich es selbstverständlich mit ein.

Gegen Ende ist mir ein stiller Moment wichtig. Die Angehörigen können sich in einem stummen Zwiegespräch von alten Verletzungen distanzieren und ihrem Verstorbenen verzeihen oder ihn oder sie um Verzeihung bitten. Rituale helfen Trauernden vor allem dann, wenn sie in der Vergangenheit schon als tröstlich und Halt gebend erlebt wurden. Hier können Kerzen und Blumen einen Beitrag leisten, wenn sie mit Sorgfalt integriert und sparsam dosiert werden. Am Grab spreche ich den oder die Verstorbene noch einmal direkt an. Hier fasse ich zusammen, was der Mensch seiner Gemeinschaft hinterlassen hat. Dies kann ein Auftrag oder ein Vermächtnis sein, deshalb gehört in meinem Verständnis Dank dazu. Ich danke für das, was an Erinnerungen von ihm oder ihr bleiben wird, und entlasse die Trauergemeinschaft in das veränderte Leben, das es nun zu meistern gilt und hoffentlich als lebenswert empfunden wird. Bei meinen Gesprächspartner*innen melde ich mich noch einmal nach einem zeitlichen Abstand von etwa zwei bis vier Monaten und biete auch immer ein kostenfreies Nachgespräch an. Dieses Angebot wird aber nur von einer Minderheit in Anspruch genommen. Ich werte dies als gutes Zeichen.

»Trauer ist die Lösung, nicht das Problem«[4]

Einen Verlust betrauern ist notwendig und sinnvoll, taugt aber nicht als Lebensinhalt. Die meisten Trauernden kommen mit ihrer Trauer gut zurecht und schaffen es, sich nach einer Zeit des Rückzugs wieder dem Leben zuzuwenden. Eine stimmige Trauerfeier schafft für diesen oft anstrengenden Prozess eine gute Basis. Sie tröstet, weil sie individuell auf die Trauernden eingeht und ihnen nichts vorschreibt, was von ihnen nicht nachvollzogen werden kann. Sie fühlen sich gesehen und von der Gemeinschaft getragen. Ich persönlich würde mich freuen, wenn sich auch die Kirchen wieder dazu berufen fühlen würden.

Tanja Hofmann, Diplom-Sozialpädagogin (FH), ist Case Managerin (DGCC), Psychoonkologin (WPO) und freie Trauerrednerin. Sie lebt und arbeitet in Bayreuth und studiert nebenberuflich an der FHP Potsdam. In ihrer Masterarbeit befasst sie sich mit obigem Thema. Sie ist Mitglied der BATF e. V. und engagiert sich ehrenamtlich für den Hospizverein Bayreuth.

Kontakt: hofmann@trost-durch-worte.de

Literatur

Janetzky, B. (2020). TrauerReden. Leitfaden für Traueransprachen. 2. Auflage. Düsseldorf.

Lehner, B. (2021). Praxisbuch Trauerfeiern und Bestattungen. Trauernde verstehen – Abschiedsrituale gestalten. Ostfildern.

Paul, C. (2013). Keine Angst vor fremden Tränen. Trauernden Freunden und Angehörigen begegnen. Gütersloh.

Pock, J; Feeser-Lichterfeld, U. (Hrsg.) (2011). Trauerrede in postmoderner Trauerkultur. Die freie Trauerrede in der Spannung von Institution, Rolle und Situation. Wien u. a.

Rinder, N.; Rauch, F. (2016). Das letzte Fest. Neue Wege und heilsame Rituale in der Zeit der Trauer. Gütersloh.

Anmerkungen

1 Mascha Kaléko, Memento, 1974.
2 Nach dem Gedicht »In anderen Sprachen« von Günter Eich (In: Gesammelte Werke, Bd. I. Revidierte Ausgabe, 1991. Frankfurt a. M.).
3 Thomas Multhaup.
4 Chris Paul.

Die kirchliche Bestattung Konfessionsloser
Zur Praxis der evangelischen Kirchen

Klaus Raschzok

In den 1980er Jahren bin ich als junger Pfarrer einer Kirchengemeinde im Naherholungsbereich von Augsburg erstmals mit der Frage der kirchlichen Bestattung Konfessionsloser konfrontiert worden. Ein Augsburger Künstler hatte dort ein Wochenendhaus und besuchte regelmäßig die Gottesdienste in der evangelischen Auferstehungskirche. Noch heute habe ich vor Augen, mit welcher Andacht er an den Abendmahlsfeiern teilnahm. Als ich von seinem überraschenden Tod erfuhr und mit seiner Lebensgefährtin telefonierte, erzählte sie mir von ihren Erfahrungen mit dem für den Hauptwohnsitz des verstorbenen Partners zuständigen Gemeindepfarrer. Dieser hatte den Wunsch nach einer kirchlichen Bestattung mit einem Blick in das Verzeichnis seiner Gemeindeglieder, das den Namen des Verstorbenen nicht enthielt, abgelehnt, ohne weiter nach dem Hintergrund der Bitte zu fragen, und das Gespräch abgebrochen. Für ihn war der Verstorbene konfessionslos und gehörte damit nicht zum Kreis derer, denen eine kirchliche Bestattung zustand. Die irritierte Lebensgefährtin beauftragte daraufhin einen freien Bestattungsredner. Ich kam mit meiner Bereitschaft zu spät, für eine kirchliche Bestattung zur Verfügung zu stehen. Sie konnte sich umgekehrt die formelle Konfessionslosigkeit ihres Partners nicht erklären, da sie mit ihm zusammen ja immer unsere Gottesdienste besucht hatte. Dass in der verschlungenen Biografie des Verstorbenen wohl auch ein lange zurückliegender und nicht mehr rückgängig gemachter Kirchenaustritt seinen Ort hatte, war ihr nicht bewusst. Im Nachgang suchte ich das Gespräch mit dem Augsburger Pfarrerskollegen. Dieser konnte nicht verstehen, weshalb mich sein Verhalten traurig und bestürzt gemacht hat. Er hätte sich doch nur an die (damaligen) kirchlichen Empfehlungen gehalten.

Die veränderte gegenwärtige Ausgangssituation

Diese alte Praxis ist aus leidvollen Erfahrungen heraus bei vielen noch im Bewusstsein. Heute dagegen besteht in den evangelischen Landeskirchen bei aus der Kirche ausgetretenen Getauften, auf die zunächst der Blick gerichtet werden soll, eine grundsätzlich veränderte Ausgangssituation. Sie lässt das im Fallbeispiel geschilderte Handeln des Pfarrers als unangemessen erscheinen. Die 2001 beziehungsweise 2003 neu ausgearbeiteten Kirchlichen Lebensordnungen der Union Evangelischer Kirchen in der EKD wie der Vereinigten Evangelisch-Lutherischen Kirche Deutschlands lassen inzwischen die Bestattung ausgetretener Getaufter unter besonderen Umständen als Ausnahmefall zu. Sie ist an die seelsorgliche Einzelentscheidung des jeweiligen Pfarrers oder der jeweiligen Pfarrerin gebunden. Hintergrund ist eine veränderte Debattenlage über den Zusammenhang von Taufe und Kirchenzugehörigkeit, die sich EKD-Dokument »Taufe und Kirchenaustritt« aus dem Jahr 2000 manifestiert. Dort heißt es:

»Rechtlich wird der Status des aus der Kirche Ausgetretenen, sofern er nicht in eine andere Kirche übergetreten ist, der eines Konfessionslosen. Innerkirchlich verliert, wer aus der Kirche austritt, die (…) kirchlichen Rechte. Und

Leidfaden, Heft 2 / 2023, S. 77–81, ISSN 2192-1202, © 2023 Vandenhoeck & Ruprecht

doch unterscheidet sich der kirchenrechtliche Status der ausgetretenen Person von dem solcher Konfessionsloser, die nie einer Kirche angehört haben, durch die Tatsache des Getauftseins. Der Heilswille Gottes gilt jedem Menschen; dennoch besteht zwischen denen, die getauft sind, und denen, die nie einer Kirche angehört haben, geistlich und kirchenrechtlich geurteilt, ein signifikanter Unterschied. Die empfangene Taufe wird bei einem Kirchenaustritt nicht nichtig (…) Daraus ergibt sich die Frage, welche Bedeutung dem Getauftsein für den aus der Kirche Austretenden zukommt und was das für den Dienst der Kirche an den aus ihr Ausgetretenen – im Unterschied zu solchen, die als Ungetaufte niemals der Kirche angehört haben – bedeutet« (Taufe und Kirchenaustritt 2000, S. 5).

Die Taufe besitzt durch ihre Einmaligkeit und Gültigkeit für das ganze Leben des Getauften unverlierbare Bedeutung. Sie hat die bleibende Zugehörigkeit des Ausgetretenen zu Jesus Christus zur Folge. Die christliche Gemeinde bleibt damit weiterhin auch auf die bezogen, die die Kirche verlassen haben. Dieses Verständnis der Taufe öffnet für den kirchlichen Dienst als seelsorgliches Handeln an Ausgetretenen, etwa bei Beerdigungen.

Entlastet werden seelsorgliche Einzelentscheidungen für eine kirchliche Bestattung Ausgetretener auch durch den gesamtgesellschaftlichen Konventionswandel. Die weltliche Bestattung stellt keinen gesellschaftlichen Makel mehr dar, sondern ist inzwischen häufig selbstverständliche Praxis und gesellschaftlich legitime Alternative zur kirchlichen Bestattung. Angehörige müssen daher ein kirchliches Begräbnis nicht mehr nur zur scheinbaren Wahrung des gesellschaftlichen Ansehens ihrer Verstorbenen erbitten.

Eine wichtige Rolle spielt für die kirchliche Bestattung Ausgetretener auch die zunehmende Komplexität von Biografie und Kirchenaustritt. »Seitdem von Beginn der 1970er Jahre an die Zahl der Kirchenaustritte erheblich angestiegen ist, haben sich auch die konfessionsdifferie-

renden Familien vermehrt. Nicht selten finden sich in einer Familie Immer- und Noch-, Nichtmehr- und Wieder-Kirchenmitglieder, so dass es in familiärer Perspektive nicht von vornherein ausgemacht erscheint, dass der Großvater, der vor Jahren – aus welchen Gründen eigentlich, fragt die Schwiegertochter – aus der Kirche ausgetreten ist, nicht doch kirchlich beerdigt werden soll. Zugleich hat sich das Bewusstsein gelockert,

dass sich das persönliche Verhältnis zum christlichen Glauben in der formellen Mitgliedschaft zur verfassten Kirche widerspiegelt« (Fechtner 2011, S. 74).

Seitens der Pfarrerinnen und Pfarrer darf zudem der Schmerz über die durch den Kirchenaustritt und die nicht mehr entrichtete Kirchensteuer entgangene finanzielle Solidarität des Verstorbenen mit der Kirche nicht mit der Frage einer von

den Angehörigen erbetenen Bestattung verrechnet werden. Redlichkeitshalber muss jedoch im Vollzug einer solchen kirchlichen Bestattung der Kirchenaustritt des Verstorbenen benannt werden. Ebenso sind unter Wahrung der seelsorglichen Diskretion die Gründe anzudeuten, die für eine kirchliche Bestattung gesprochen haben.

Hinzu tritt schließlich ein verändertes Verständnis der kirchlichen Bestattung selbst. Sie wird nicht mehr ausschließlich als christliche Verkündigung an die Lebenden, sondern zugleich auch als seelsorglich-diakonischer Dienst an den Verstorbenen wie an deren Angehörigen verstanden. Ein solches segnendes und betendes Handeln an Verstorbenen und ihren Angehörigen kann im Ausnahmefall auch unabhängig von einer bestehenden Kirchenmitgliedschaft erfolgen, wenn Menschen darum bitten.

Wenn die Frage der kirchlichen Bestattung Ausgetretener zur seelsorglichen Einzelentscheidung wird, heißt das für die Angehörigen der Verstorbenen, das vertrauensvolle Gespräch mit Pfarrerinnen und Pfarrern zu suchen. Umgekehrt dürfen diese aber ihre Entscheidung nicht mehr lediglich anhand der Meldedaten treffen, sondern sollen den Angehörigen ein Ohr bieten und mit ihnen ebenso wie auch mit den Bestattern im Gespräch bleiben. Voraussetzungen der kirchlichen Bestattung Ausgetretener sind zum einen der Wunsch der Angehörigen, zum anderen aber auch der möglicherweise zu Lebzeiten ausgesprochene eigene Wunsch der Verstorbenen zugunsten einer kirchlichen Bestattung. Diese darf aber keinesfalls gegen den ausdrücklichen Willen des Verstorbenen geschehen. Sie ist schließlich dann zu versagen, wenn der Verstorbene dezidiert den christlichen Glauben diffamiert hat. Der Vollzug der kirchlichen Bestattung selbst hat ohne Abstufung, das heißt in liturgischer Kleidung und nach den Ordnungen der jeweiligen Kirche zu erfolgen. Zum Teil verzichten Pfarrerinnen und Pfarrer bei der Bestattung Konfessionsloser immer noch auf liturgische Kleidung, um die Differenz gegenüber der Bestattung von Kirchenmitgliedern zu mar-

Andrei Rubljow, Dreifaltigkeitsikone, etwa 1411

*Der für eine Verstorbene oder einen Verstorbenen erbetene Segen
des dreieinigen Gottes ist weder an Taufe noch Kirchenmitgliedschaft
gebunden, sondern gilt allen Menschen als Gottes Geschöpfen.*

kieren. Ich halte diese Praxis für problematisch, da sie eine Verwechslung mit einem freien Bestattungsredner nicht ausschließt. Zum geistlichen Amt Ordinierte können aber vom Selbstverständnis ihrer Ordination her nicht einfach in dessen Rolle am Grab eintreten. Sie bleiben durch ihren lebenslangen Auftrag Repräsentanten und Repräsentantinnen ihrer Kirche.

Das evangelische Verständnis der Kirchlichen Bestattung

Die kirchliche Bestattung stellt nach evangelischem Verständnis einen geschützten Raum der Gottesbegegnung angesichts des Todes zur Verfügung. Mit ihr wird ein Zugang zur vom dreieinigen Gott ausgehenden Segenskraft eröffnet, die nach christlicher Auffassung Trauernden Trost und Hilfe beim Abschied von einem Verstorbenen bieten kann. Die kirchliche Bestattung ist ein Gottesdienst, bei dem ein Weg mit dem Verstorbenen zwischen Leben und Tod begangen wird: Wir nehmen von ihm Abschied, übergeben ihn in die Verfügungsgewalt der Erde oder des Feuers und trennen uns von ihm. Wir befehlen ihn der Gnade Gottes an und vergewissern uns im dankbaren Rückblick auf sein Leben in der Hoffnung auf eine Auferstehung der Toten am Ende der Zeit und seines neuen Seins bei Gott. Im gedenkenden Erinnern bleiben wir mit dem Verstorbenen auf veränderte Weise verbunden. Die christliche Bestattung vollzieht sich in der Gewissheit, dass nach christlicher Überzeugung vor Gott jedes zu Ende gegangene Leben Bestand hat und nichts an ihm vergeblich gewesen ist. Christliche Bestattung ist Dienst an den Toten wie an den Lebenden.

Ausblick

Auch wenn mein Beitrag sich zunächst mit aus der Kirche ausgetretenen Getauften und der veränderten Praxis der evangelischen Landeskirchen beschäftigt, soll abschließend ein Blick

auf Verstorbene erfolgen, die nie in einer Beziehung zum christlichen Glauben gestanden haben. Eine seelsorglich verantwortete kirchliche Bestattung Ungetaufter wie auch sogar Angehöriger anderer Religionen kann als diakonischer Dienst an den Angehörigen und ausdrücklich nicht als Vereinnahmung der Verstorbenen für den christlichen Glauben verstanden und vollzogen werden. Erforderlich ist dabei allerdings ein einfühlsamer Umgang mit der je individuellen Lebensgeschichte des oder der Verstorbenen, der zugleich deutlich die Beweggründe für eine kirchliche Bestattung aufzeigt. Auch ein Verstorbener, der niemals einer Kirche angehört hat, kann segnend der Gnade Gottes anbefohlen werden. Die christliche Gemeinde kann ihm und seinen Angehörigen auf dem letzten irdischen Weg stellvertretend Geleit schenken. Voraussetzung ist in solchen Fällen jedoch eine sensible Anpassung der Ordnung der kirchlichen Bestattung im Sinne der Segenshandlung und des stellvertretenden Geleits eines ungetauften und keiner Religion angehörigen Verstorbenen. Der für eine Verstorbene oder einen Verstorbenen erbetene Segen des dreieinigen Gottes ist weder an Taufe noch Kirchenmitgliedschaft gebunden, sondern gilt allen Menschen als Gottes Geschöpfen. Er sollte bei entsprechender Bitte nicht grundlos verweigert werden.

Prof. Dr. theol. **Klaus Raschzok** ist Pfarrer der Evangelisch-Lutherischen Kirche in Bayern und war bis zu seiner Emeritierung im Jahr 2020 Inhaber des Lehrstuhls für Praktische Theologie an der Augustana-Hochschule Neuendettelsau.
Kontakt: k.raschzok@t-online.de

Literatur

Fechtner, F. (2011). Kirche von Fall zu Fall. Kasualien wahrnehmen und gestalten. 2., überarb. Auflage. Gütersloh.
Raschzok, K. (2021). Das kirchliche Handeln an den Verstorbenen: Brücke zwischen Leben und Tod. Raschzok, K.; Hübner, H.-P. (Hrsg.), Evangelische Friedhöfe in Bayern (S. 45–57). München.
Taufe und Kirchenaustritt (2000). Theologische Erwägungen der Kammer für Theologie zum Dienst der evangelischen Kirche an den aus ihr Ausgetretenen. Hannover.

Die Konfessionslosen verändern die Trauer- und Bestattungskultur

Stephan Hadraschek

Zu Beginn des 21. Jahrhunderts stehen den Menschen unserer (westlichen) Gesellschaften zahlreiche Möglichkeiten zur Verfügung, um ihre Trauer und die Angst vor dem Tod (beziehungsweise dem Sterben) zu verarbeiten. Doch kirchlich geprägte Bestattungen und Abschiedszeremonien sowie christliche Jenseitsvorstellungen erscheinen vielen Menschen als nicht mehr zeitgemäß. Hier zeigen neuen Formen der Abschieds- und Bestattungskultur sehr eindrücklich, wie sich der Umgang mit dem Tod, die Bestattungsrituale und die Totensorge gewandelt haben. Der moderne Lebensstil – geprägt von Individualismus, Selbstbestimmung und Unabhängigkeit – ist offener gegenüber anderen religiösen Strömungen und spirituellen Erfahrungen. All dies prägt auch zunehmend die Bestattungskultur. Bemerkbar machen sich diese Entwicklungen besonders in Großstädten und Metropolen.

Die Gründe sind vielfältig. Die Menschen sind nicht mehr so stark verwurzelt wie ihre Vorfahren. Familien leben oft hunderte Kilometer voneinander entfernt. Da ist es schwierig, regelmäßig das Grab der Eltern zu pflegen. Pflegeleicht soll es heute sein – mit Bestattung unter Bäumen, auf der Nordsee oder in der Luft. Bestattung bedeutet heute auch: Individualität bis in den Tod.

Konfessionslosigkeit und Entkirchlichung

Ein Artikel von Hilmar Schmundt (2022) bringt es auf den Punkt: »Land der Gottlosen: Erstmals sind kirchlich gebundene Christen in Deutschland in der Minderheit. Experten sprechen von einem ›Kipppunkt‹. Warum die Bundesregierung diesen Trend noch verstärken könnte.«

Deutschland wird derzeit von einer Koalition mit einem konfessionslosen Bundeskanzler regiert. Das an sich ist noch nicht spektakulär. Doch auch der Koalitionsvertrag erwähnt das Christentum an keiner Stelle. Und sieben der 16 Bundesminister verzichteten bei ihrer Vereidigung ebenfalls auf die Gottesformel. Das alles passt ins Bild: Die katholischen und evangelischen Christen befinden sich neuerdings in der Minderheit. Ihr Anteil betrug 2021 nur noch 49,7 Prozent (offizielle Zahlen der Kirchen). Berechnungen gehen davon aus, dass die Entkirchlichung noch schneller voranschreitet als erwartet.

Experten wie die Professoren Detlef Pollack und Gergely Rosta konstatieren in ihrem Standardwerk »Religion in der Moderne« (Pollack und Rosta 2022), dass Deutschland bezüglich der Kirchenzugehörigkeit in zwei Teile zerfällt: Im östlichen Teil Deutschlands sind weniger als 25 Prozent der Bevölkerung Mitglied der beiden großen Kirchen. Im Westen dagegen sind es immer noch ungefähr 60 Prozent. Aber das wird nicht mehr lange so bleiben. Inzwischen bröckelt die Kirchenzugehörigkeit so stark, dass der Westen hier dem Osten zu folgen scheint. Und eine aktuelle Pressemitteilung von AETERNITAS ist betitelt mit: »Anteil kirchlicher Bestattungen unter 50 Prozent gesunken« (AETERNITAS 2022).

Besonders relevant für das Bestattungswesen ist auch der schleichende Abschied von der Kirche: Viele Menschen treten zwar nicht aus, verhalten sich jedoch indifferent. Diese Form der Entkirchlichung wirkt dann bei den Beisetzungen und Trauerfeierlichkeiten: Weltliche Redner*innen werden öfter gewünscht als Pfarrer*innen, obwohl man möglicherweise noch Kirchenglied

Leidfaden, Heft 2/2023, S. 82–86, ISSN 2192-1202, © 2023 Vandenhoeck & Ruprecht

ist. Das führt bisweilen dazu, dass »weltliche« Redner*innen mit christlichem Habitus auftreten – sogar am Grab ein Gebet sprechen. Das scheint paradox, aber entspricht einer Haltung, die die Suche und das Finden von Sinn und Sinnhaftigkeit – ein Merkmal von Spiritualität – wohl am ehesten beschreibt (Heller und Heller 2018).

Die religiös motivierte Bestattung verliert zunehmend an Bedeutung

Die Veränderungen hinsichtlich einer Konfessionslosigkeit der Trauer- und Bestattungskultur entwickeln sich sukzessive: So betrifft die Kulturhoheit auf Ebene der Bundesländer auch die entsprechenden Kirchenfragen der Bestattung. In Bremen zum Beispiel dürfen Trauernde seit 2015 die Asche Verstorbener auf privatem Grund ausbringen. Auch der eigene Garten steht – unter bestimmten Auflagen – für die Aschebeisetzung zur Verfügung. Und der Umweltbetrieb Bremen bietet Aschestreuwiesen auf den Friedhöfen Osterholz und Blumenthal an. In allen anderen Bundesländern gilt indes nach wie vor der »Friedhofszwang« – nur wie lange noch? (Gaedke 2021).

Veränderungen auch bei der Kirche

Beispielsweise begegnet die Bestattungsagende der Union Evangelischer Kirchen in der EKD (UEK) den Veränderungen der Bestattungskultur. Als Reaktion auf die zunehmende Vielfalt von Bestattungsformen sieht die letzte Fassung der Agende sechs Ordnungen vor, vom »klassischen« Trauergottesdienst mit anschließender Grablegung im Erdgrab bis hin zum Trauergottesdienst ohne folgende Bestattung. Auch »alternative Bestattungsformen« werden berücksichtigt. Die christliche Beisetzung folgt in der Regel einem festen Ablauf mit klarer Symbolik. Sie vermittelt den Trauernden Sicherheit und stellt den Verstorbenen in die Reihe und Tradition vieler Generationen, die im Glauben an Jesus Christus und in der Hoffnung auf Auferstehung lebten. Doch das einstige Deutungsmonopol der Kirche hat deutlich an Einfluss verloren.

Der klassische Bestattungsort: Friedhof

Der letzte Weg führt seltener zum Friedhof. Das liegt auch daran, dass auf traditionelle Bindungen wie die Ehe oder kirchliche Gemeinschaften weniger Wert gelegt wird und damit auf tradierte Orte der Erinnerung. Hinzu kommt, dass es mittlerweile auch beim Tod um Individualität und Selbstverwirklichung geht. Die Feuerbestattung ist zur favorisierten Bestattungsart geworden: Urnen lassen sich vielfältiger beisetzen als Särge.

© Stephan Hadraschek

Immer seltener fühlen sich Trauernde durch den Glauben an den gekreuzigten Gottessohn getröstet.

Angesichts der zahlreichen Alternativen zum Friedhof ist der Friedhof selbst eine Alternative unter vielen geworden.

Seit 2007 bietet beispielsweise der Humanistische Verband Deutschland (HVD) seinen Mitgliedern, deren Angehörigen und verbandsnahen Personen die Möglichkeit, sich einen Platz auf der eigenen Urnengrabstätte (»Bestattungshain«) auf dem Waldfriedhof Zehlendorf zu reservieren.

Es gibt feste Grundsätze im deutschen Bestattungs- und Friedhofswesen, die bislang nahezu unumstößlich sind. Dazu gehört besonders der sogenannte Friedhofszwang. Dieser besagt, dass eine Bestattung auf einem Friedhof erfolgen muss – auch die Asche eines Menschen muss dort beigesetzt werden. Dies wird von den Kirchen in Deutschland grundsätzlich immer noch vertreten.

Feuerbestattung

Je nach Region (und Konfession) ist auch immer noch die Erdbestattung die favorisierte Form (insbesondere im süddeutschen Raum). Bis zum Zweiten Vatikanischen Konzil (1964–1966) war die Feuerbestattung in der katholischen Kirche verboten (die evangelische Kirche

hatte schon 1920 ihren Widerstand aufgegeben). Dies wurde unter anderem begründet mit der Vorstellung einer leiblichen Auferstehung. Die Entwicklung der Feuerbestattung war jedoch im 20. Jahrhundert nicht mehr aufzuhalten: Ab der zweiten Hälfte des 20. Jahrhunderts stieg die Zahl der Feuerbestattungen stetig. Aktuell beträgt der Anteil 2021 rund 75 Prozent. Im Norden und Osten des Landes und in Großstädten werden mehr Feuerbestattungen durchgeführt als im Süden und Westen und in ländlichen Gebieten. Ungefähr 160 Krematorien bieten ihre Dienste an, wovon fast die Hälfte von privater Hand betrieben wird.

Einflüsse durch die Coronapandemie

Corona hat sich auch auf den Glauben ausgewirkt: Man sieht beispielsweise, dass Deutschland religiös vielfältiger wird. Und die Zahl der Konfessionellen nimmt ab, die der Konfessionslosen wächst. Hat die Pandemie den Glauben gestärkt – oder auch geschwächt? Die Politikwissenschaftlerin Carolin Hillenbrand hat zusammen mit dem Religions- und Kultursoziologen Detlef Pollack knapp 3.000 Menschen danach gefragt (Hillenbrand und Pollack 2021). 30 Prozent stimmten der Aussage zu, dass der Glaube ihnen in der Coronazeit Trost, Hoffnung und Kraft gibt. Weitere 21 Prozent stimmten überwiegend zu – insgesamt deutlich mehr als die 35 Prozent, die das weniger oder nicht bestätigten. Für rund ein Drittel hat die Pandemie den Glauben und die Beziehung zu Gott vertieft. Deutlich weniger Menschen sagten, ihr Glaube sei während der Pandemie schwächer geworden. Das traf nur für etwa ein Zehntel zu. Fast 40 Prozent aller Befragten antworteten, ihr Glaube sei gleichgeblieben. Aber in jedem Fall habe er sie in der Krise getragen.

Die weltliche Trauerfeier

Der Ablauf einer weltlichen (säkulären) Bestattung ist dem einer kirchlichen ähnlich, da auch viele konfessionslose Menschen nicht auf tröstliche Rituale verzichten möchten. Die sonst häufig religiösen Texte und Zeremonien werden indes durch weltliche ersetzt. Viele weltliche Trauerfeiern haben eines mit konfessionellen Bestattungen gemein: Meistens gibt es eine Trauerrede, die allerdings nicht von einem Geistlichen, sondern oft von einem professionellen Trauerredner gehalten wird, der nicht an eine bestimmte Konfession gebunden ist. Darüber hinaus können sich auch die Angehörigen selbst einbringen und die Trauerrede vortragen.

©Stephan Hadraschek

Humanistischer Bestattungshain auf dem Waldfriedhof Zehlendorf in Berlin

Eine Bestattungsform der Konfessionslosigkeit? Von Friedwald©, Ruheforst© und Co.

Vor allem naturverbundene Menschen entscheiden sich gern für die Bestattung im Wald. Dabei wird die Urne in einem so genannten Friedwald©, Ruheforst© oder Ruhepark©[1] beigesetzt, die als Friedhofsgelände ausgewiesen sind. Die Baumbestattung war 2001 in Deutschland eine neue Bestattungsform. Die Asche wird dabei in einer speziellen »Bio-Urne« (leicht abbaubar im Erdreich) im Wurzelbereich eines Baumes in die Erde eingebracht.

Mittlerweile bieten auch herkömmliche Friedhöfe Baumbestattungen an, die sich dann zum Beispiel »Friedpark« nennen. Allen Baumgrabstätten gemein ist, dass die Ruhestätte nicht von Angehörigen gepflegt werden muss – und auch nicht darf. Denn die Natur übernimmt die Grabpflege. Hierbei scheint den Nutzer*innen besonders wichtig zu sein, dass sie »frei« sind von Zwängen. *Ich habe das Gefühl, dass der Wald die Menschen frei macht, auch wenn viele einen traurigen Anlass haben, hierherzukommen. Die Trauer ist da, aber ich glaube, hier können sie besser damit umgehen« (Förster im FriedWald Odenwald).*

Die Kirchen standen der Baumbestattung zunächst sehr kritisch gegenüber, weil diese Art der Bestattung – zumal außerhalb eines herkömmlichen Friedhofs – sogar als »heidnisch« bezeichnet wurde. Doch mittlerweile gibt es Ausnahmen: Mit dem »Evangelisch-Lutherischen FriedWald am Schwanberg« ist der erste FriedWald-Standort in kirchlicher Trägerschaft entstanden. Das weithin sichtbare Schloss, in dem die evangelische Schwesterngemeinschaft Communität Casteller Ring (CCR) seit dem Jahr 1957 arbeitet und die dazugehörige Parkanlage des Geistlichen Zentrums Schwanberg gehen unmittelbar in den FriedWald über.

Um das Bedürfnis von Kulten und Ritualen zu verstehen, muss man ihre Funktion als »Heilmittel« gegen das Chaos und Regellosigkeit unserer Welt begreifen. Durch den Wegfall konfessionsgebundener Jenseitsverortungen kommt der Natur dabei eine große Rolle zu. Der Tod ist der Extremfall des Lebens: Nichts im Alltag bereitet darauf vor, mit diesem Ereignis umzugehen. Im Schutz von Kulten und Ritualen kann man dem Tod begegnen, kann man seinem Leben Halt geben. Somit stellen die modernen (»alternativen«) Bestattungsformen auch Reaktionen dar bei der Suche nach Sinn und Sicherheit jenseits von Kirche.

Stephan Hadraschek M. A. ist bei der ASV Deutschland-Gruppe (Bestattungsdienstleistungen) für das Netzwerkmanagement, die Öffentlichkeitsarbeit und Fachberatung verantwortlich. Er hat unter anderem Geschichtswissenschaften und Germanistik in Berlin (TU) studiert. Er ist Vorstandsmitglied der Arbeitsgemeinschaft Friedhof und Denkmal e. V./Sepulkralmuseum Kassel und Vorstandsmitglied des Volksbundes Deutsche Kriegsgräberfürsorge e. V./Landesverband Berlin. Außerdem betreibt er privat einen Blog zur Sepulkral- und Abschiedskultur (sargsplitter.de).

Kontakt: stephan@hadraschek.de
Websites: www.asv-deutschland.de; www.sargsplitter.de

Literatur

AETERNITAS (2022). Pressemitteilung, Königswinter vom 25.08.2022.

Gaedke, J. (2021). Handbuch des Friedhofs- und Bestattungsrechts. Mit ausführlicher Quellensammlung des geltenden staatlichen und kirchlichen Rechts. 13. Auflage (bearbeitet von T. F. Barthel). Köln u. a.

Heller, B.; Heller, A. (2018). Spiritualität und Spiritual Care – Orientierungen und Impulse. Bern.

Hillenbrand, C.; Pollack, D. (2021). Einfluss der Corona-Krise auf soziale, politische und religiöse Haltungen. Forschungsergebnisse aus dem Exzellenzcluster »Religion und Politik« an der Universität Münster.

Pollack, D.; Rosta, G. (2022). Religion in der Moderne. Ein internationaler Vergleich. Frankfurt a. M.

Schmundt, H. (2022). Land der Gottlosen. In: Der Spiegel, 19.08.2022.34/2022.

https://www.deutschland.de/de/topic/leben/glaube-in-deutschland%3Aviele-deutsche-treten-aus-der-kirche-aus (Zugriff 09.08.2022).

https://fowid.de/meldung/religionszugehoerigkeiten-2020 (Zugriff 05.08.2022).

https://de.statista.com/statistik/daten/studie/264229/umfrage/lebenseinstellung-bedeutung-von-religion-und-fester-glaubensueberzeugung/ (Zugriff 02.08.2022).

Anmerkung

1 Die drei Bezeichnungen sind hier nur stellvertretend genannt.

Aufblühen und Staub werden

Kleine Geschichte der säkularen Trauerkultur

Reiner Sörries

»*Aufblühen und Staub werden / Das ist das ewige Gesetz der Natur / Hoffet auf Morgenroth im Todtenthale / Hier ist die Saat, dort die Ernte.*« Diese Worte waren am Portal zum Stadtgottesacker in Halle/Saale zu lesen, das 1736 errichtet worden war. Wenn man so will, kann man diese Zeilen durchaus noch im Sinne einer Interpretatio Christiana als ein Memento Mori sehen, doch eröffnen sie der Leserin, dem Leser noch andere Perspektiven. Immerhin ist das ewige Werden und Vergehen kein göttliches Gesetz mehr, sondern das Gesetz der Natur. 1736, also um die Mitte des 18. Jahrhunderts, war man schon vorsichtig geworden, die christliche Jenseitshoffnung unkritisch zu übernehmen. Im Zuge der Aufklärung verzichtete man zunehmend auf die religiöse Komponente und ersetzte die religiösen Texte durch weltliche, neutrale Botschaften. Noch deutlicher als in Halle wird dies am Friedhofsportal des 1789 eröffneten Dessauer Begräbnisplat-

Christian Friedrich Wiegand, Portal des »Neuen Gottesackers«, Dessau, vor 1795

zes, an dem man eine Inschrift liest, die jenseits christlicher Bekenntnisse für jeden einen Trost formuliert: »*TOD IST NICHT TOD IST NUR VEREDLUNG STERBBLICHER NATUR*«. Wohl stand auf diesem Portal zuoberst eine Frau mit einem Anker, den man als christliches Symbol der Hoffnung interpretieren kann, doch in den seitlichen Nischen standen die der Antike entlehnten Personifikationen von Hypnos und Thanatos, von Schlaf und Tod.

In seiner Schrift »Wie die Alten den Tod gebildet« wandte sich Gotthold Ephraim Lessing 1769 gegen die schrecklichen Bildes des Todes, gegen den Sensen- oder Knochenmann, um an ihre Stelle die sanfte Gestalt des Schlafes zu setzen. Auch Fegefeuer und Hölle waren in den Verdacht geraten, kirchliche Machtstrukturen zu festigen, oder man glaubte einfach nicht mehr an Sündenstrafen und Höllenqualen. Ins Wanken geraten waren diese Vorstellungen bereits in der Reformation, als Martin Luther und seine Mitstreiter gegen das Ablasswesen und die gegen Gebühr gehaltenen Seelenmessen zu Felde zogen. Mit der Erkenntnis, nichts mehr für die Verstorbenen tun zu können, war die Grundlage gelegt, an die Stelle der Totenfürsorge die Trauer zu setzen. Insofern ist die Trauer an sich ein Ergebnis der Neuzeit, eine Folge der neuen Einstellung zu Sterben und Tod.

Allerdings war es nicht einfach, sich aus den kirchlichen Konventionen zu lösen. Es dauerte bis ins 19. Jahrhundert, als um die Mitte des 19. Jahrhunderts die Freidenkerbewegung Strukturen einer eigenen Bestattungs- und Trauerkultur entwickelte. Auslöser dazu war die Wallfahrt zum Heiligen Rock in Trier 1844, die man als Götzendienst kritisierte und die selbst unter Katholik:innen nur Unverständnis auslöste. Es führte zu einer Abspaltung von Gläubigen, die sich zunächst deutschkatholisch nannten. Und manche schlossen sich 1859 zum Bund Freireligiöser Gemeinden Deutschlands zusammen.

Bleibendes Zeugnis dieser Entwicklung ist der bereits 1847 von der Deutsch-katholischen

Inschrift am Tor des Friedhofs der freireligiösen Gemeinde in Berlin (historische Postkarte)

Gemeinde in Berlin am Prenzlauer Berg angelegte eigene Friedhof, der heute unter dem Namen »Friedhofspark Pappelallee« ein geschütztes Denkmal ist. Die Geisteshaltung der nun freireligiösen Gemeinde drückt sich in der Inschrift am Friedhofstor aus, wenn es heißt: »*Schafft hier das Leben gut und schön, / kein Jenseits ist, kein Auferstehn.*« In der Friedhofshalle wurden die weltlichen Trauerreden entsprechend dem Motto gehalten, das an der Stirnwand zu lesen war: »*Die Welt regiert sich selbst nach ewigen Gesetzen.*«

Zudem hatten sich die Freireligiösen gemeinsam mit Sozialdemokraten und der Arbeiterbewegung für die Einführung der Feuerbestattung engagiert, die ihrem Verständnis von einem endgültigen Tod besser entsprach als die Erdbestattung, die von den Kirchen verteidigt wurde. Gegen viele Widerstände wurde 1878 in Gotha das erste Krematorium erbaut, und die Kremation wurde zum Markenzeichen der Freireligiösen. In immer mehr Städten gründeten sie eigene Friedhöfe. In Hamm wurde dem Deutschen Freidenkerverband 1930 auf dem neu angelegten Dasbecker Friedhof erlaubt, einen eigenen Friedhofteil anzulegen. Sie versahen ihn mit einem Gemeinschaftsdenkmal, auf dem eine Flammenschale und zwei gesenkte Fackeln zu sehen sind.

Foto: Sörries

Foto: Sörries

Grabtafel auf dem Friedhof des Deutschen
Freidenkerverbandes in Hamm-Dasbeck

Foto: Sörries

Gemeinschaftsdenkmal auf dem Friedhof des Deutschen
Freidenkerverbandes in Hamm-Dasbeck

Die in Reihe angelegten Gräber wurden einheit-
lich gestaltet und mit einer ebenso einheitlichen
Grabtafel versehen. Auf ihr stehen der Name des
Verstorbenen, sein Geburts- und Sterbedatum sowie das Datum der Einäscherung.

Dass die materiellen Zeugnisse der freidenkerischen Trauerkultur heute einzigartige Raritäten
sind, beruht auf dem Verbot der Freidenker durch
die Nationalsozialisten, die auch das Vermögen
beschlagnahmten und ihre Friedhöfe verstaat-
lichten. Zu diesen Raritäten zählt auch der Freidenkerfriedhof in Haynsburg im Burgenlandkreis
in Sachsen-Anhalt. In einem solchen ländlichen
Raum war es weit schwieriger, sich der kirchlichen
Praxis zu entziehen, etwa durch einen Privatfried-
hof. Der Gastwirt Adolf Reichardt, geboren 1849,
war seit 1869 Freidenker, und er wollte und konnte nicht auf dem kirchlichen Friedhof des Ortes
beigesetzt werden. So erreichte er schließlich 1923
in einer Entscheidung des Reichsgerichts in Leipzig, dass er, seine Familie und die Mitglieder der
hiesigen Freidenkergemeinde auf dem kleinen
Urnenfriedhof bestattet wurden.

Nach dem Krieg wurde 1951 der Deutsche Freidenkerverband in Westdeutschland wieder zugelassen, ohne allerdings größeren öffentlichen Einfluss zu nehmen. In der DDR hingegen waren zwar
freidenkerische Organisationen mit der staatlichen
Kulturpolitik nicht vereinbar und deshalb nicht
zugelassen, aber die DDR setzte sich selbst für eine
Säkularisierung der Trauer- und Bestattungskultur
ein. Das Institut für Kommunalwirtschaft in Dres-
den war beauftragt worden, musterhafte Trauerfei-

Privater Freidenkerfriedhof in Haynsburg im Burgenlandkreis in Sachsen-Anhalt

ern und -reden zu entwickeln. Ebenso wurde aus ideologischen wie aus wirtschaftlichen Gründen die Feuerbestattung gefördert, und im Ergebnis setzten sich weltliche Bestattungen und Kremation in weiten Teilen der Bevölkerung durch.

Nach dem Beitritt der DDR zum Geltungsbereich des Grundgesetzes der Bundesrepublik 1990 formierten sich die Freidenker im wiedervereinigten Deutschland neu und verstehen sich heute als Humanisten. Die Bestrebungen, eine eigenständige humanistische Trauerkultur zu entwickeln, stoßen jedoch immer wieder auf Probleme, weil es schwierig ist, sich aus den kirchlichen Traditionen zu lösen. Der größere Teil der Bevölkerung ist zwar inzwischen konfessionslos, und die meisten Trauerfeiern finden ohne pastoralen Beistand statt, aber es ist nicht gelungen, eine spezifisch freigeistige, humanistische Form zu entwickeln oder gar zu etablieren.

Zartes Pflänzlein einer eigenen humanistischen Trauerkultur ist der 2007 eingerichtete Humanistische Bestattungshain auf dem Waldfriedhof Zehlendorf, der vom HVD Berlin-Branden-

Gemeinschaftsgrab im Stil einer *heidnischen* Röse im Friedgarten des Flamariums in Kabelsketal OT Osmünde bei Halle/S.

Friedhof der Forn Siðr Religionsgemeinschaft in Odense (DK)

burg unterhalten wird. Hier erfolgt die Urnenbeisetzung ohne Grabstellenkennzeichnung. Allein die Stele verweist auf diese besondere Trägerschaft, während das Areal einer normalen grünen Wiese für anonyme Beisetzungen entspricht. Zehn Jahre später entstand im Garbsener Stadtteil Schloß Ricklingen der erste humanistische Bestattungshain in Niedersachsen.

Weiter sind die skandinavischen Länder, in denen es tatsächlich wieder dezidiert heidnische Friedhöfe gibt, etwa in Reykjavik oder in Odense. Allerdings sind diese Heiden keineswegs konfessionslos, sondern sie pflegen die Weiterführung bzw. Wiederbelebung der nordischen Religion. Die Ásatrúarfélagið ist eine isländische Glaubensgemeinschaft, die 1973 von staatlicher Seite offiziell als Religionsgemeinschaft anerkannt wurde, die auch Friedhöfe unterhalten kann. In Dänemark ist es die Forn Siðr, die 2003 offiziell als Religionsgemeinschaft bestätigt wurde. Ihrer Tradition der Schiffsbeisetzung folgend sind ihre Friedhöfe durch Anordnungen von Findlingen in Schiffsform gekennzeichnet.

In der Tendenz ist eine weitere Säkularisierung der europäischen Gesellschaften deutlich, doch wirken sie traditions- und formlos beziehungsweise erfolgt die Verweltlichung so differenziert, dass übergreifende Formen oder Rituale nicht entstehen können. Kirchliche Traditionen werden erst dort radikal umgeformt, wo das Heidentum zu einer neuen Religion avanciert.

Reiner Sörries ist evangelischer Theologe, Pfarrer der Evangelisch-Lutherischen Kirche in Bayern und Professor für Christliche Archäologie und Kunstgeschichte am Fachbereich Theologie der Universität Erlangen-Nürnberg. Er war bis 2015 Direktor des Museums für Sepulkralkultur in Kassel. Er lebt und arbeitet – inzwischen im Ruhestand – in Kröslin an der Ostsee.

Kontakt: soerries@web.de

Literatur

Groschopp, H. (2016). Freidenkerbewegung. In: Cancik, H.; Groschopp, H.; Wolf, F. O. (Hrsg.), Humanismus: Grundbegriffe (S. 159–168). Berlin/Boston.

Sörries, R. (2012). Herzliches Beileid. Eine Kulturgeschichte der Trauer. Darmstadt (insbes. S. 111–129).

Mehr Suizide bei Konfessionslosen – weniger bei Katholiken

Die Institute für Sozial- und Präventivmedizin (ISPM) der Universitäten Bern und Zürich zeigen in einer Analyse, dass Selbsttötungen unter konfessionslosen Schweizer:innen häufiger auftreten als bei Protestant:innen – am wenigsten suizidgefährdet sind Katholik:innen. Aus der Studie geht hervor, dass Religion eine »starke soziale Kraft ist«, so die Autoren.

Religionszugehörigkeit schützt vor Suizid: Das Risiko, eine Selbsttötung zu begehen, ist unter Schweizer Katholik:innen geringer als bei Protestant:innen oder Konfessionslosen. Das zeigt eine Schweizer Kohortenstudie der ISPM in Bern und Zürich, welche vom Schweizerischen Nationalfonds und vom Bundesamt für Statistik unterstützt wurde. Die Autoren untersuchten die Suizidrate unter Katholik:innen, Protestant:innen und konfessionslosen Schweizer:innen. Die Studie basiert auf der Volkszählung 2000, bei welcher Daten von über drei Millionen Bewohner:innen der Schweiz im Alter von 35 bis 94 Jahren ausgewertet werden konnten: Bei Personen ohne Religionszugehörigkeit wurden auf 100 000 Einwohner 39 Selbsttötungen registriert, bei Protestant:innen 29. Unter den Anhänger:innen des römisch-katholischen Glaubens wurden 20 Suizide festgestellt.

Die Kraft der Religion

Die Autoren der Studie, die nun im International Journal of Epidemiology publiziert ist, zeigen mit ihrer Untersuchung, dass »Religion eine wichtige soziale Kraft ist«. Der katholische Glaube verurteilt sowohl die Selbsttötung als auch den assistierten Suizid, der in der Schweiz unter bestimmten Bedingungen legal ist. Damit bestätigen die Berner Wissenschaftler eine Hypothese, die auf den französischen Soziologen Emile Durkheim zurückgeht, der bereits 1897 den Zusammenhang zwischen Religion und Selbsttötung erforschte. Dieser argumentierte damals, dass die stärkere soziale Kohäsion und Integration der katholischen Schweizer:innen in einer niedrigeren Suizidrate resultierten.

Effekt hängt auch vom Alter ab

Die Forschenden stellten weiter fest, dass sich der Zusammenhang von Religion und Suizid mit dem Alter verändert: Der protektive Effekt unter den Katholiken – aber auch das höhere Suizidrisiko

William Henry Holmes, Herbst-Wirrwarr/akg-images

unter den Konfessionslosen – zeigt sich umso stärker, je älter eine Person ist. Bei den assistierten Suiziden – unterstützt von einer Sterbehilfeorganisation – ist der Zusammenhang mit Religion sogar noch deutlicher ausgeprägt: mit weniger assistierten Suiziden bei den Katholik:innen und mehr unter den Konfessionslosen, vor allem in der älteren Bevölkerung. »Gerade bei Personen, die sich nicht zu einer Religion bekennen, scheint der assistierte Suizid eine Möglichkeit zu sein, im Alter das Leben selbstbestimmt zu beenden«, meint Professor Matthias Egger vom ISPM der Universität Bern zu den Untersuchungsergebnissen.

Literatur

Spoerri, A.; Zwahlen, M.; Bopp, M.; Gutzwiller, F.; Egger, M. (2010). Religion and assisted and non-assisted suicide in Switzerland. National Cohort Study. In: International Journal of Epidemiology, 2010. doi:10.1093/ije/dyq141 oder https://academic.oup.com/ije/article/39/6/1486/741 501 (Zugriff 29.08.22).

Fortbildungseinheit 1: Glaubensvorstellungen kommunizieren und hinhören

Heiner Melching

Setting

Weiterbildungskurs, Supervision oder Ähnliches mit mindestens 6 und höchstens 25 Teilnehmer:innen, wenn möglich Stuhlkreis.
Material: keins.
Dauer: 1 bis 2 Unterrichtseinheiten je nach Gruppengröße.

Vorgehen

Nach einer kurzen Einführung zum Thema und zur Bedeutung des Austausches in Teams finden sich jeweils zwei Teilnehmende zusammen, die sich möglichst nicht oder nur wenig kennen, und gehen für 10 Minuten in einen Austausch; wenn möglich außerhalb des Gruppenraums an einem ruhigen Ort (der Austausch kann auch bei einem kleinen Spaziergang erfolgen). Bei ungerader Teilnehmendenzahl kann sich die Gruppenleitung/Referent:in beteiligen. Dann berichtet zunächst Person A für 5 Minuten (nicht länger!) an Person B von den eigenen Glaubensvorstellungen. Dabei sollen möglichst keine Rückfragen gestellt werden (mit Ausnahme kurzer Verständnisfragen zu Begrifflichkeiten), sondern es soll nur in Form eines Monologs berichtet werden. Nach 5 Minuten wird gewechselt und Person B berichtet an Person A. Selbstverständlich kann eine Person auch sagen, dass sie nichts von ihrem Glauben preisgeben möchte, und die 5 Minuten schweigen oder erzählen, warum sie darüber nicht sprechen möchte. Es ist auch ausdrücklich erlaubt, nicht den eigenen Glauben wiederzugeben, sondern etwas Ausgedachtes.

Nach den 10 Minuten versammeln sich alle Teilnehmenden wieder im Gruppenraum (wenn möglich im Stuhlkreis). Nun stellt sich eine Person A hinter diejenige, mit der sie im Austausch war, stellt diese kurz mit Namen vor und berichtet der Gruppe, was Person B glaubt beziehungsweise was sie (Person A) gehört und verstanden hat. Anschließend bekommt Person B die Möglichkeit, die Aussage zu korrigieren oder zu ergänzen, beziehungsweise teilt sie mit, ob sie sich richtig verstanden fühlt und ihr Glaube korrekt wiedergegeben wurde. Anschließend wechseln Person A und B die Rollen. Wenn alle Pärchen damit fertig sind, wird in einer Reflexionsrunde die Möglichkeit gegeben, Beobachtungen und Wahrnehmungen in der gesamten Runde mitzuteilen; etwa, ob es schwierig war, die eigenen Glaubensvorstellungen mitzuteilen, ob man sich richtig verstanden und wiedergegeben gefühlt hat, ob die 5 Minuten ausreichend waren, ob es eventuell etwas an der Beziehung zwischen den beiden verändert hat (zum Beispiel ein Gefühl der Nähe) und welche Bedeutung das Thema im eigenen beruflichen oder privaten Umfeld hat.

Leidfaden, Heft 2 / 2023, S. 94–96, ISSN 2192-1202, © 2023 Vandenhoeck & Ruprecht

Fortbildungseinheit 2: Eigene Glaubensvorstellungen wahrnehmen und in eine Gestalt bringen

Heiner Melching

Setting

Weiterbildungskurs oder Ähnliches mit höchstens 25 Teilnehmenden.
Material: Malstifte und/oder Tusche und Malpapier (mindestens DIN A4 oder DIN A3).
Dauer: 2 bis 4 Unterrichteinheiten je nach Gruppengröße.

Vorgehen

Jede*r Teilnehmende bekommt die Aufgabe, vier Bilder zu malen. Die Bilder haben folgende Titel und werden auch in dieser Reihenfolge erstellt.

1. Leben
2. Sterben
3. Tod
4. Leben

Es sollten dafür mindestens 30 Minuten (besser 60 Minuten) zur Verfügung gestellt werden.

Anschließend bekommen die Teilnehmenden die Möglichkeit, ihre vier Bilder der Gruppe vorzustellen und zu erläutern (keine Fremddeutungen durch andere befördern! – Ein Bild kann nur von dem/der gedeutet werden, der/die es erstellt hat).

Anschließende Reflexion in der Gruppe etwa zu den Themen, ob sich im Gefühl zu dem Anderen etwas verändert, wenn Glaubensvorstellungen verständlich werden, ob es leichter ist, den Glauben durch Bilder (auch Sprachbilder) wiederzugeben und zu verstehen und anderes mehr.

Hier als Beispiel vier Bilder, die in der beschriebenen Fortbildungseinheit von einem Atheisten gemalt wurden, und seine jeweilige Erklärung dazu (Abdruck mit ausdrücklicher Genehmigung des Teilnehmers):

Bild 1: Leben – Erläuterung des Teilnehmers: Mittendrin im Trubel des Lebens bin ich – das große grüne Männchen in der Mitte und um mich herum ist mächtig was los.

Bild 2: Sterben – Erläuterung des Teilnehmers: Es ist nicht mehr so bunt – es sind nur noch wenige Menschen in meiner Nähe – es ist ein bisschen wie ein Boxkampf – anstrengend.

Bild 3: Tod – Erläuterung des Teilnehmers: Da liege ich nun in der Erde, verbinde mich mit ihr und löse mich langsam auf. Es ist sehr ruhig, friedlich und niemand und nichts ist da.

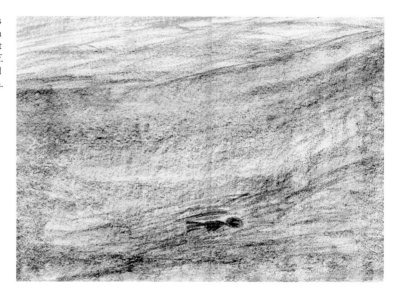

Bild 4: Leben – Erläuterung des Teilnehmers: Fast wie auf dem ersten Bild geht das Leben bunt weiter – nur ohne mich. Ich bin das grüne Männchen in den Gedankenblasen der Lebenden, bei denen ich irgendwas hinterlassen habe. Manche haben mich verkehrt in Erinnerung (da stehe ich auf dem Kopf), manche erinnern sich viel an mich und manche wenig – alle unterschiedlich – und es sind längst nicht so viele wie die, die mich auf dem ersten Bild umgeben haben.

Die Bedeutung von Grenzen und Spiegelphänomene im Verband

Christoph Bevier

»Fluid« ist ein Wort, das einem in der Gegenwart öfter begegnet. Wirklichkeit wird als fluid gedacht, als fließend, als flüssig, als beweglich, als ein Raum, in dem man sich permanent neu bestimmen muss und auch die Elemente der Wirklichkeit permanent neu bestimmt werden müssen, weil sie sich ständig verändern. Ebenso oft wie »fluid« begegnet einem die Vorsilbe »trans«, die ebenfalls Phänomene der Wirklichkeit als etwas bestimmt, das in Übergängen begriffen ist und niemals feststeht. Zeitgenössisch werden Grenzen als hinderlich betrachtet, sie werden aufgehoben und aufgelöst oder als etwas beschrieben, das unmöglich eingehalten werden kann und deshalb übertreten werden muss oder seinen Sinn verloren hat und ignoriert werden kann.

Gleichzeitig melden sich gesellschaftlich Grenzen zurück, denn in vielen Bereichen kommt unsere Gesellschaft an ihre Grenzen. Im Gesundheitswesen ist das ganz markant spürbar. Auch im Bildungssystem. Im Verkehr, ob Bahn- oder Autoverkehr, merken wir jeden Tag die Grenzen der Mobilität – unter der fortwährenden Behauptung wachsender Mobilität. Den Klimawandel könnte man als weiteres Beispiel einer leicht zu ergänzenden Reihe von Beispielen nennen. Die Coronapandemie war ein extremes Symbol dafür, dass sich Grenzen zurückmelden, regelrecht danach schreien, gesehen, anerkannt und gewürdigt zu werden.

Da Verbände oder Vereine Teil der Gesellschaft sind, zu der sie gehören, kann man davon ausgehen, dass Phänomene, die in der Gesellschaft wirksam sind, auch in den Verbänden und Vereinen wirken und beobachtet werden können. Das eine sind Spiegelphänomene der Außenwelt – der Gesellschaft, in der der Verband existiert –, die im Verband wirksam werden. Das andere sind Spiegelphänomene, die vom Thema ausgehen, das die Identität des Verbandes ausmacht, und die im Verband wirken. Diese sind Spiegelphänomene der Trauer, die im Verband wirken.

In der gebotenen Kürze schaue ich an dieser Stelle auf beide Spiegelphänomene – die gesellschaftlichen wie die vom Thema bedingten –, die uns im BVT beschäftigen. Beides ist natürlich nicht so rein voneinander zu trennen, weil auch Trauer als Lebensthema in einem gesellschaftlichen Raum gelebt wird und von diesem Raum geprägt ist.

Ein Bereich, in dem das Bestimmen, Einhalten und Überschreiten von Grenzen eine wichtige Funktion haben, ist die Nutzung sozialer Medien. Wie werden die sozialen Medien eingesetzt?

Leidfaden, Heft 2 / 2023, S. 97–100, ISSN 2192-1202, © 2023 Vandenhoeck & Ruprecht

Wie präsentiert man sich in den sozialen Medien? Gibt es eine Sachorientierung oder werden persönliche Motive in den Vordergrund gerückt? Wie spricht man über die eigene Arbeit und wie viel gibt man von der eigenen Arbeit preis? Kann man in diesem Bereich überhaupt über Grenzen nachdenken und gemeinsam Richtlinien und Regeln finden, ohne dass Freiheit und individuelle Bedürfnisse sich unerträglich eingeschränkt fühlen? Und wenn man sich über Grenzen verständigt und Regeln gefunden hat, kann dann Verbindlichkeit im Wahren der Grenzen und Einhalten der Regeln geschaffen werden? Ich würde diese Frage bejahen und sehe zugleich, dass es eines langen und mühsamen Weges bedarf, der dahin führen würde.

Ein weiterer Bereich, in dem sich einerseits Fluidität spiegelt, andererseits der Verband aber auch an seine Grenzen kommt, betrifft die Verbindlichkeit von Zusagen und von Engagement. Können wir auf der Grundlage verlässlicher Absprachen miteinander arbeiten oder werden die Gestaltung und die Bedürfnisse der eigenen Subjektivität höher bewertet? Ein Verband, der in seinem Selbstverständnis von aktiver Mitgliedschaft lebt, kommt an seine Grenzen, wenn aktive Mitgliedschaft eingefordert werden muss, anstatt dass der Verband vom Engagement der Mitglieder getragen wird, gleichzeitig aber als Forum für die eigenen Angebote und Profilierung im Bereich Trauer genutzt wird.

Auch im Bereich der Spiegelphänomene, die das Thema »Trauer« im Verband betreffen, spielt der Umgang mit der eigenen Subjektivität eine wichtige Rolle. Trauer hat als menschliches Phänomen, als Erfahrung, etwas Entgrenzendes und Entgrenztes. Trauer wohnt die Dimension von Absolutheit und Totalität inne. Manche Trauern- de erleben ihre Trauer so: absolut und total. Sie ist so stark, dass sie alles andere, was auch noch zum Leben gehört, in der Wahrnehmung verschwinden machen kann, sodass Leben insge-

mosaiko / photocase.de

be, Trauernden die Heilsamkeit von Grenzen der Trauer aufscheinen zu lassen, weil Begleitende um die Möglichkeit wissen, dass Trauer ihren absoluten Anspruch verliert und Trauernde auch wieder Freude am Leben empfinden können. Trauerbegleitung gestaltet und unterstützt den Trauerraum, sie gibt dem Trauerraum Grenzen. Erst die Grenzen schaffen einen Raum, in dem die Totalität und Absolutheit von Trauer gelebt werden kann, weil sie gelebt werden muss. Trauerbegleitung gibt Halt in der Orientierungslosigkeit, sucht Sinnspuren im Chaos und führt perspektivisch langsam aus dem Trauerraum heraus.

Für unseren Verband geht es darum, den Raum, in dem von Trauer gesprochen, über Trauer nachgedacht und geforscht wird, zu gestalten, und Trauer einen Raum in der Gesellschaft zu verschaffen. Auch im Verband geht es um eine Balance zwischen dem Bedürfnis der Mitglieder, gesehen und wahrgenommen zu werden und die eigene Subjektivität zu leben – und dem Rahmen, in dem Trauerarbeit gestaltet wird, zum Beispiel die Qualifizierungsordnung, ethische Richtlinien, Verbindlichkeit, Verlässlichkeit. Es reicht nicht, den Verband als eine Möglichkeit zur Verwirklichung der eigenen Berufstätigkeit als Trauerbegleiterin und Trauerbegleiter zu sehen und zu nutzen, ohne den Rahmen – der die eigene Subjektivität begrenzt, aber eben auch erst ermöglicht – im Blick zu behalten, ihm dienlich zu sein und seine Bedeutung im Verhalten zu berücksichtigen.

samt als sinnlos angesehen wird. Trauer wohnt eine absolute Subjektivität inne, sie ist ganz und gar frei und sie kann sich alles anverwandeln. Trauerbegleitung hat unter anderem die Aufga-

Christoph Bevier war als evangelischer Pfarrer in Gemeinde, Gefängnis und Gymnasium tätig und arbeitet derzeit als Klinikpfarrer in einer psychiatrischen Klinik. Er ist Supervisor im Bereich von Hospiz, Krankenhaus, Seelsorge.

Kontakt: ChristophBevier@t-online.de

Vorstellung der neuen Vorstandsmitglieder

Der BVT dankt den ehemaligen Vorstandsmitgliedern Detlef Eberhard, Marianne Görnandt, Kirsti Gräf und Christian Voigtmann für ihr Engagement, das sie leider aus unterschiedlichen persönlichen Gründen aufgegeben haben. Im Rahmen der Mitgliederversammlung in Magdeburg im Februar 2023 wurden vier neue Vorstandsmitglieder gewählt, die sich hier vorstellen:

Ich bin *Helena Gareis*, glückliche Mutter zweier erwachsener Kinder. Geschäftsführerin eines Familienhospizdienstes mit 30-jähriger Hospizerfahrung als Sterbe- und Trauerbegleiterin. Das Logotherapiestudium (Sinnzentrierte Psychologie) war eine wichtige Ergänzung, sowohl für die praktische Arbeit in den Familien als auch für die Tätigkeit als Bildungsreferentin. So bin ich lebenserfahren und krisenbeständig mit einem großen Erfahrungsschatz im Hospizbereich.

Marion Lücke-Schmidt: Leitende Koordinatorin beim Hospiz-Verein Gießen e. V., Palliative-Care-Fachkraft, Trauerbegleiterin, Referentin und Netzwerkerin. Diplom-Sozialwissenschaftlerin mit Schwerpunkt Psychosoziale Medizin und Psychologie. Ethikberaterin im Gesundheitswesen, Letzte-Hilfe-Trainerin, langjähriges Engagement bei der Initiative Demenzfreundliche Kommune – Stadt und Landkreis Gießen e. V.

Mein Name ist *Davina Klevinghaus*. Ich bin als Koordinatorin für Kinder- und Jugendtrauerbegleitung bei den Malteser Hospizdiensten sowie in trauerbezogener Forschung und Lehre an der Technischen Universität Dortmund tätig. Als Sonderpädagogin (M. Ed.), Sterbe- und Trauerbegleiterin ist es mir ein großes Anliegen, Brücken zwischen der Hospiz- und Trauerarbeit zu schlagen und Familien in einem ganzheitlichen Sinne zu begleiten.

Mein Name ist *Marei Rascher-Held*. Schon einmal vor drei Jahren gewählt, bin ich erneut bereit, mich für relevante gesellschaftliche Themen des BVT auch im Hinblick auf Kooperationspartner zu engagieren. Als psychologische Beraterin/Personal Coach arbeite ich freiberuflich im Bereich Verlusterfahrungen und als Dozentin/Referentin zu diesen Themen und bin Trauerbegleiterin bei der Stadt Karlsruhe mit Angeboten von Einzelgesprächen bis hin zur Leitung verschiedener Trauergruppen.

Vorschau Heft 3 | 2023

Selbstfürsorge

Impressum

Herausgeber/-innen:
Rainer Simader, Dachverband Hospiz Österreich, Ungargasse 3/1/18, A-1030 Wien
E-Mail: simaderr@gmail.com

Prof. Dr. med. Lukas Radbruch, Zentrum für Palliativmedizin,
Von-Hompesch-Str. 1, D-53123 Bonn
E-Mail: Lukas.Radbruch@ukbonn.de

Dr. phil. Sylvia Brathuhn, Frauenselbsthilfe Krebs e. V.,
Landesverband Rheinland-Pfalz/Saarland e. V.
Schweidnitzer Str. 17, D-56566 Neuwied
E-Mail: Brathuhn@t-online.de

Prof. Dr. Arnold Langenmayr (Ratingen), Dipl.-Sozialpäd. Heiner Melching (Berlin),
Monika Müller, M. A. (Rheinbach), Dipl.-Päd. Petra Rechenberg-Winter M. A. (Hamburg),
Dipl.-Pflegefachfrau Erika Schärer-Santschi (Thun, Schweiz),
Dipl.-Psych. Margit Schröer (Düsseldorf), Prof. Dr. Reiner Sörries (Erlangen),
Peggy Steinhauser (Hamburg)

Kontaktanfragen und Rezensionsvorschläge richten Sie bitte an
Rainer Simader: simaderr@gmail.com

Wissenschaftlicher Beirat:
Dr. Colin Murray Parkes (Großbritannien), Dr. Sandra L. Bertman
(USA), Dr. Henk Schut (Niederlande), Dr. Margaret Stroebe
(Niederlande), Prof. Robert A. Neimeyer (USA)

Redaktion:
Ulrike Rastin M. A. (V. i. S. d. P.),
BRILL Deutschland GmbH
Vandenhoeck & Ruprecht
Robert-Bosch-Breite 10, D-37079 Göttingen
Tel.: 0551-5084-423
E-Mail: ulrike.rastin@v-r.de

Bezugsbedingungen:
Die Zeitschrift erscheint viermal jährlich. Es gilt die gesetzliche Kündigungsfrist
für Zeitschriften-Abonnements. Die Kündigung ist schriftlich zu richten an:
HGV Hanseatische Gesellschaft für Verlagsservice mbH, Leserservice,
Teichäcker 2, 72127 Kusterdingen, E-Mail: v-r-journals@hgv-online.de.
Unsere allgemeinen Geschäftsbedingungen, Preise sowie weitere Informationen
finden Sie unter www.vandenhoeck-ruprecht-verlage.com.

Verlag:
BRILL Deutschland GmbH, Robert-Bosch-Breite 10,
D-37079 Göttingen; Tel.: 0551-5084-300, Fax: 0551-5084-454
www.vandenhoeck-ruprecht-verlage.com

ISSN 2192-1202
ISBN 978-3-525-80623-4
ISBN 978-3-647-80623-5 (E-Book)

Umschlagabbildung: Evannovostro/Shutterstock

Verantwortlich für die Anzeigen: Ulrike Vockenberg, Brill Deutschland GmbH,
Robert-Bosch-Breite 10, D-37079 Göttingen, Kontakt: anzeigen@v-r.de

© 2023 by Vandenhoeck & Ruprecht, Robert-Bosch-Breite 10, 37079 Göttingen, Germany, an imprint of the Brill-Group
(Koninklijke Brill NV, Leiden, The Netherlands; Brill USA Inc., Boston MA, USA; Brill Asia Pte Ltd, Singapore;
Brill Deutschland GmbH, Paderborn, Germany; Brill Österreich GmbH, Vienna, Austria)
Koninklijke Brill NV umfasst die Imprints Brill, Brill Nijhoff, Brill Hotei, Brill Schöningh, Brill Fink, Brill mentis,
Vandenhoeck & Ruprecht, Böhlau, V&R unipress und Wageningen Academic.

Gestaltung, Satz und Lithografie: SchwabScantechnik, Göttingen
Druck und Bindung: Beltz Grafische Betriebe GmbH, Bad Langensalza

Printed in Germany

WIE KANN IN TIEFSTER TRAUER SINN GEFUNDEN WERDEN?

Sylvia Brathuhn
Wenn das Leben am Tod zerbricht
Philosophisch-praktische Impulse zur Begleitung trauernder Menschen

2022. 134 Seiten, mit 2 Abb., kartoniert
€ 18,00 D
ISBN 978-3-525-40526-0
Auch als E-Book erhältlich.

Wenn der Tod ins Leben einbricht, erleben Trauernde Grenzsituationen und erlangen bisher ungekannte Einsichten in ihr Selbst wie auch in das Wesentliche überhaupt. Im Verlauf dieses Prozesses ist es möglich, nicht nur die zerstörerische Seite des Todes zu erfahren, sondern auch seinen konstruktiven und sinngebenden Aspekt. Dafür bedarf die oder der Trauernde des Mitmenschen. Und hier kann auch ehrenamtliche oder professionelle Trauerbegleitung ansetzen, für die dieses Buch profundes Hintergrundwissen sowohl über das Phänomen des Trauerns selbst als auch über die Not-wendenden Begleitkompetenzen zu vermittelt.